Erklärung der Symbole

 Einsatz der Toncassette

 a) Aufgabe, bei der etwas geschrieben oder markiert werden muß, oder
b) Übung, die auch schriftlich gemacht werden kann.

(Hinweis: Es ist in den meisten Fällen nicht vorgesehen und erforderlich, daß in das Buch hineingeschrieben wird.)

 Rollenspiel

 Einsatz eines Wörterbuchs ist erforderlich.

 Projekt

 Übung zum Leseverständnis

 Übung zum Hörverständnis (HV)

(Hinweis: Der Hörtext wird nicht im Lehrbuch, sondern im Handbuch für den Unterricht abgedruckt.)

 Phonetik

2
Sprachbrücke

Deutsch als Fremdsprache

Von
Gudula Mebus, Andreas Pauldrach,
Marlene Rall, Dietmar Rösler

in Zusammenarbeit mit
Heinke Behal-Thomsen,
Jürgen Genuneit

unter Leitung und Mitwirkung
der Verlagsredaktion
Deutsch als Fremdsprache

Visuelle Gestaltung: Harald Stetzer

Klett Edition Deutsch

Sprachbrücke 2

von
Gudula Mebus, Lehrerin, Dozentin für Deutsch als
Fremdsprache in Hamburg, ehemalige DAAD-Lektorin
für deutsche Sprache und Kultur an der Ain-Shams-Uni-
versität in Kairo/Ägypten,
Dr. Andreas Pauldrach, Dozent für Deutsch als Fremd-
sprache und Fachreferent für Unterrichtsmethodik,
Ausbildung und Fortbildung am Goethe-Institut in
Rothenburg ob der Tauber,
Dr. Marlene Rall, Professorin für Angewandte Linguistik/
Deutsch als Fremdsprache an der Universität von
Mexiko (UNAM) – Mitarbeit an Lektionen 0–3,
Dr. Dietmar Rösler, Dozent für Angewandte Linguistik/
Deutsch als Fremdsprache am King's College, University
of London, England,

unter Leitung und Mitwirkung
der Verlagsredaktion Deutsch als Fremdsprache:
Monika Bovermann (Leitung), Barbara Kellerer-Ulrich
Mitarbeit an diesem Werk:
Heinke Behal-Thomsen, Verlagsredakteurin,
Jürgen Genuneit, Verlagsredakteur.

Verantwortlich für die Grammatikkonzeption
Dr. Marlene Rall

Visuelle Gestaltung
Harald Stetzer, Professor an der Fachhochschule für
Gestaltung in Schwäbisch Gmünd

1. Auflage   1 5 4 3 | 1997 96 95 94

Alle Drucke dieser Auflage können im Unterricht nebeneinander
benutzt werden, sie sind untereinander unverändert. Die letzte
Zahl bezeichnet das Jahr dieses Druckes.

© Verlag Klett Edition Deutsch GmbH, München 1989
Druck: Ludwig Auer GmbH, Donauwörth
Alle Rechte vorbehalten   ·   Printed in Germany

ISBN 3–12–**557200**–2

Inhaltsverzeichnis

Themen	Grammatik	Phonetik

Lektion 0   Seite 7

„Ich weiß etwas"
– Auskunft zur Person

Lektion 1   Seite 9

Themen	Grammatik	Phonetik
Eigenbild und Fremdbild: Urteile, Vorurteile – Vermutungen über ein fremdes Land – Die Deutschen von außen gesehen	Wortbildung: Adjektiv, Substantiv – Genus der Substantive – Partikeln: eben – Satzpartikeln: unbedingt, bloß nicht, eben, genau, immerhin, von wegen – Modalverben: müssen, sollen, wollen, Bedeutung: Vermutung/Zweifel – Determinative und Adjektive – Nominalgruppe: Die Endungen des Adjektivs	Intonation: Partikeln/Satzpartikeln

Lektion 2   Seite 23

Themen	Grammatik	Phonetik
Der menschliche Körper – Schönheitsideale – Briefe – Distanz und Nähe – Gestik international	Bedeutungen von lassen – Indefinite Pronomen: man – Bedeutungen von scheinen und brauchen	Intonation: Ausrufe

Lektion 3   Seite 37

Themen	Grammatik	Phonetik
Zukunftsperspektiven – Import und Export von Umweltproblemen – Bücher als kulturelle Brücke – Umweltschutz	Bedeutungen von werden – Futur – Ausdruck von Zukunft: Temporalangabe + Präsens/Perfekt – Zustandspassiv – Attribute: Partizip I	Laute: Reduzierung bei schnellem Sprechen

Lektion 4   Seite 51

Themen	Grammatik	Phonetik
Erziehung und Ausbildung international – Das Bildungssystem in der Bundesrepublik Deutschland – Lebenslauf (ausführlich und tabellarisch/erzähltes Leben) – Analphabetismus – Schulerfahrungen – Bewerbung um Stipendium	Präpositionen und Kasus: Genitivpräpositionen – wissen/können/kennen – Indirekte Rede und Konjunktiv	Laute: Der Buchstabe c – Gegenüberstellung [s], [ts], [st]

Lektion 5   Seite 67

Themen	Grammatik	Phonetik
Schwierigkeiten beim Übersetzen: Fachtexte, literarische Texte, private Texte – Übersetzen als Beruf – Übersetzen im Unterricht: Meinungen und Erfahrungen – Sprachenvielfalt	Satzgliedstellung: Mittelfeld/Ergänzungen mit Rechtstendenz – Satzgliedstellung: Negation/Satzverneinung – Negation: kein, nicht – Negation: Adverbien – Relativsatz: Relativpronomen welche(r, s), was, wo – Negation: Präfix und Suffix	Satzgliedstellung: Negation (Sonderverneinung)

Themen	Grammatik	Phonetik

Lektion 6 — Seite 81

Heimat und Fremde: Definitionen und Meinungen – Sprache als Heimat – Flucht, Verfolgung, Exil – Deutsche im Ausland – Fragebogen	Plusquamperfekt – Nebensätze: temporal/Zeitenfolge – Temporalangaben: Präpositionen und Subjunktoren, Kasus – vor und seit – Temporalangaben: Kasus – besondere Perfektformen	Intonation: Gedicht

Lektion 7 — Seite 97

Beziehungen: Kontakte aufnehmen – Ausdruck von Beziehungen durch die Sprache – Einsamkeit, Gemeinsamkeit – Liebe im Lied – Liebesmetaphorik international – Ehen mit Ausländern – Anredeformen: Du/Sie – Telefonkonventionen	Attribute: Partizip I und Partizip II – Erweiterte Nominalgruppe: Apposition/Attribute (rechtsstehend)	Intonation: Stimmungen und Gefühle

Lektion 8 — Seite 113

Die Natur im Gedicht – Frühling: Bedeutungen und Assoziationen – Natur- und Landschaftsbegriffe – Frühling in der Literatur – Natur und Naturschutz	Wortbildung: zusammengesetzte Wörter – sein + zu: Bedeutungen – Erweiterte Nominalgruppe: Attribute (zu + Partizip I) – Suffixe: -bar und -lich – Erweiterte Nominalgruppe: Attribute (linksstehend)	Laute und Orthographie: Lange Vokale

Lektion 9 — Seite 127

Deutsche Geschichte im 20. Jahrhundert: Wirtschaftskrise und Kulturblüte in der Weimarer Republik – Verfolgung und Kriegspolitik in der Diktatur – Wiederaufbau in zwei Staaten – Multikulturelle Gesellschaft in der Zukunft?	Konjunktiv II: Formen – Bedingungssätze mit Stellung des Verbs – Konjunktiv II: Bedeutung – Irreale Vergleichssätze	Laute und Orthographie: Kurzer Vokal und Konsonant – Intonation: Bedeutung, Wortakzent und Orthographie

Lektion 10 — Seite 145

Norm–Sprachnorm: Normabweichungen, Fehler – Funktion der Normverstöße – soziale Normen – sprachliche Regionalismen – Intention und sprachliche Realisierung	Imperativ: Bedeutung und Funktion – Aufforderungen – Zeichensetzung: Komma – Satzgliedstellung: Nachfeld/Mittelfeld	Der Laut [s]: Grundregeln der Orthographie – s, ss oder ß?

Grammatikregister — Seite 158

Liste der unregelmäßigen Verben — Seite 159

Alphabetische Wortliste — Seite 162

Quellennachweis — Seite 173

Lektion 0

Ei wie fein, daß niemand weiß, wie die Frage auf meine Antwort heißt!

Eine Dame fragt man nicht nach dem Alter!

Wie alt sind Sie?

38 **12**

Wie ist Ihre Hausnummer?

Wie heißt Ihre Glückszahl?

Oh, die habe ich noch nie gezählt.

Wie viele Bücher haben Sie?

Welche Farbe hatte Ihr erstes Deutschbuch?

Ja, diese Frage habe ich gemeint. Schade, ich dachte, Sie würden mich nach meiner Lieblingsfarbe fragen.

lila

Was sind Sie von Beruf?

Hast du eine Schwester, die Biologin ist?

Was, ich soll Biologin sein? Ich bin doch ein Mann!

Die Frage paßt nicht zu meiner Antwort.

Was will deine Schwester werden?

Richtig. Woher hast du das gewußt?

Biologin

Ei wie fein, daß niemand weiß, daß ich Rumpelstilzchen heiß'!

A 1 Ich weiß etwas, was du nicht weißt

Auf den Zetteln stehen Antworten.
Welche Fragen passen dazu?
Ergänzen Sie bitte!

Beispiele:

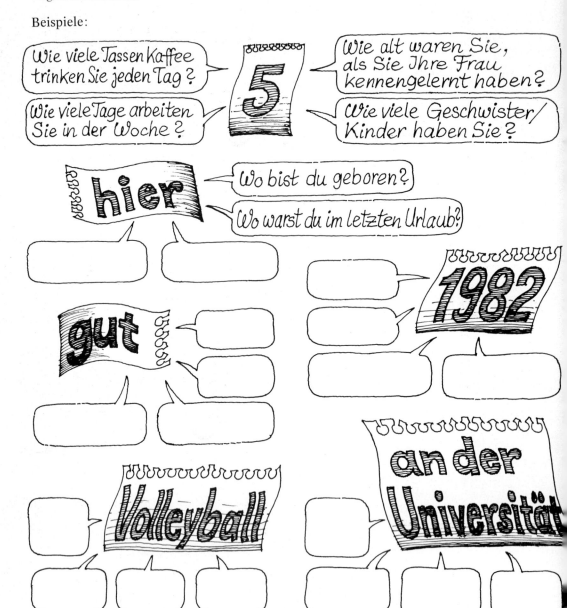

A 2 Auskunft zur Person

Schreiben Sie bitte fünf Antworten zu Fragen, über die Sie
gern Auskunft geben möchten!
Zeigen Sie Ihren Nachbarn die Antworten!
Wer findet die richtige Frage?

Also, Sauberkeit wird dort ja nicht großgeschrieben.
Aber die Küche ist berühmt.
Hm ... ja. Lecker! Wenn ich an die Spezialitäten denke.
Was Besseres gibt es nicht.

Die Leute dort sollen sehr ernst, pflichtbewußt und zuverlässig sein.
Man sagt, sie kennen nur ihre Arbeit.
Nie faul sein? Nie lachen? Immer nur arbeiten? Das finde ich
furchtbar.

Was? Er hat kein Geschenk mitgebracht? Geizig! Na ja, wie die Leute
aus dieser Gegend eben sind. – Sie sind ja bekannt dafür.

Da muß ich Ihnen widersprechen. Mein Mann kommt auch von dort.

Oh ... hm ... Entschuldigung. So hab' ich das nicht gemeint.
Ausnahmen bestätigen die Regel. Ihr Mann ist doch die Großzügigkeit
in Person.

Bei denen hat alles seine Ordnung. Alles ist perfekt organisiert.
Sogar das Gefühlsleben.
Schlimm, da können sich Spontaneität und Schlamperei nicht
entwickeln. Für die ist Ruhe und Ordnung das Höchste.

Hier siehst du das Land meiner Träume. So natürlich, viel Musik,
keine Tabus – und ohne die Probleme unserer hochtechnisierten
Welt.
Ja, dort existieren noch paradiesische Zustände. Da gibt es noch
echte Zufriedenheit. Allerdings sollen die Leute dort leider auch
ziemlich arm sein.

Genus der Substantive

> Substantive auf **-ei**, **-heit**, **-keit**, **-schaft**, **-ung**, die
> meisten Substantive auf **-e** und Fremdwörter auf **-ik**,
> **-ion** und **-tät** sind femininum.

Aber nicht für alle Substantive gibt es eine Regel.

Ja, Vorsicht! Zum Beispiel der Käse, das Auge, das End
das Stadion.

Welches Adjektiv oder Substantiv paßt? Ergänzen Sie bitte!

Beispiel: ordentlich   *die Ordnung* _____   schlampig   _____

spontan   _____   _____   die Berühmtheit

ruhig   _____   _____   die Perfektion

_____   die Armut   musikalisch   _____

sauber   _____   freundschaftlich   _____

_____   die Zuverlässigkeit   _____   die Natürlichkeit

großzügig   _____   _____   der Ernst

zufrieden   _____   _____   der Geiz

_____   die Leckerei   _____   das Pflichtbewußtsein

_____   die Faulheit   _____   das Paradies

1. Ordnen Sie bitte
   die Aussagen in A1 zu!

2. Was ist für Sie positiv/
   negativ/neutral?

Beispiele:
Perfektion ist für mich nicht
immer etwas Positives.
Ich halte Pflichtbewußtsein
für sehr wichtig.

was?	wer? / wie?		
	positiv	negativ	neutral
wenig Sauberkeit		*A*	
leckeres Essen			
Ernst			
Pflichtbewußtsein			
Zuverlässigkeit			
Arbeit			
Faulheit			
Geiz			
Großzügigkeit			
Perfektion			
keine Spontaneität und Schlamperei			
Ruhe und Ordnung			
Natürlichkeit			
echte Zufriedenheit			
Armut			

B1   Das ist eben so

Also der Theo ist ja ganz nett. Aber zu unseren Verabredungen
kommt er immer zu spät, wenn er überhaupt kommt.
Da kannst du nichts machen. Die Jugendlichen sind eben unzuverlässig.
Aber doch nicht alle ...

Partikeln (4): eben

Der Sprecher glaubt, daß man an einer Meinung, einer Situation, einem Urteil nichts ändern kann.	Die Jugendlichen sind **eben** unzuverlässig. Das ist **eben** so.

Übersetzen Sie bitte den Dialog in Ihre Muttersprache!

B2   Eben

Schreiben Sie bitte Dialoge mit **eben**!
Benutzen Sie dabei die Adjektive:

faul   spontan   fleißig   dumm

klug   zuverlässig   pflichtbewußt

geizig   ordentlich   reich   arm

Beispiel:
Mein Freund ist immer so ernst.
Da kann man nichts machen. Biologen sind eben so.
Aber doch nicht alle ...

B3   Eben ist nicht gleich eben

1   Die Landschaft hier ist aber eben!
2   Entschuldigung, was haben Sie gerade
3   gesagt? Ich habe eben nicht zugehört.
4   Hier ist alles ganz flach.
5   Ja, dies ist eben ein Land ohne Berge.
6   Deshalb kommen im Winter auch
7   nicht so viele Touristen hierher.

Welche Bedeutung hat **eben**?
Ergänzen Sie bitte!

Zeile 1   eben = _____

Zeile 3   eben = _____

Zeile 5   eben = _____

Und welche Bedeutung hat **eben** hier?

8   Das Leben ist eben nicht immer eben.
9   Dann nimm es eben, wie es ist.
10   Das habe ich eben auch gedacht.

A: Komm doch mal her, Miriam! Wir sprechen nämlich
   gerade über dich – das war toll von dir, daß du alle Leute
   aus dem Studentenwohnheim zu deiner Party eingeladen
   hast. So viele Leute aus verschiedenen Ländern – die
   sorgen für Stimmung.
B: Ich fand das echt toll. Viele Leute kannten sich vorher
   nämlich gar nicht. Und man traut sich sonst ja meistens
   doch nicht, jemanden einfach nur so anzusprechen.
C: Eben. Deshalb habe ich es ja auch gemacht. Aber es sind
   doch einige nicht hingegangen. Es waren nur etwas mehr
   als die Hälfte da.
A: Immerhin. Nicht schlecht für den Anfang.
B: Genau. Und der Marcel zum Beispiel, der konnte nicht
   kommen, weil er Grippe hatte.
C: Von wegen! Der war nicht krank. Der saß vor dem
   Fernseher und hat Fußball gesehen.
A: Na ja, da kann man nichts machen. Das nächste Mal
   mußt du auf Fußballfans Rücksicht nehmen.
B: Bloß nicht! Wir haben uns ja auch ohne Fußballfans
   ganz gut unterhalten. So ein Fest müssen wir bald wieder
   machen.
A: Unbedingt!

Partikeln (5): Satzpartikeln

Kurz kommentieren	**unbedingt, bloß nicht, eben, genau, immerhin, von wegen, na ja**

Aufgaben
1. Unterstreichen Sie bitte die Satzpartikeln im Text!
2. Welche Satzpartikeln bestätigen eine Aussage?
   Welche widersprechen ihr?

Ordnen Sie bitte die Satzpartikeln zu!

1. Das Gegenteil stimmt.   _____
2. Besser als gar nichts.   _____
3. Ich bin sehr dafür.   _____
4. Das lehne ich ab.   _____
5. Das ist auch meine Meinung.   *eben*
6. Richtig, das sage ich auch.   _____

Schreiben Sie bitte
ähnliche Dialoge mit
Kurzkommentaren!

C1 Der Witz von den drei Elefantenbüchern

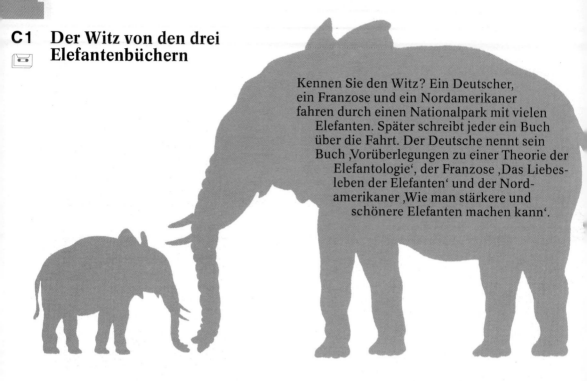

Kennen Sie den Witz? Ein Deutscher, ein Franzose und ein Nordamerikaner fahren durch einen Nationalpark mit vielen Elefanten. Später schreibt jeder ein Buch über die Fahrt. Der Deutsche nennt sein Buch ‚Vorüberlegungen zu einer Theorie der Elefantologie‘, der Franzose ‚Das Liebesleben der Elefanten‘ und der Nordamerikaner ‚Wie man stärkere und schönere Elefanten machen kann‘.

Mit welchen Nationalitäten würde man diesen Witz in Ihrem Land erzählen?

C2 Vorurteile

a) Suchen Sie bitte Informationen!

1. Welche Vorurteile über die deutschsprachigen Länder gibt es in Ihrem Land?
2. Welche Vorurteile gibt es in Ihrem Land über Ihre Nachbarländer?
3. Welche Vorurteile über Ihr Land sind Ihnen bekannt?
4. Welche Vorurteile der Deutschen über Ihr Land sind Ihnen bekannt?

b) Diskutieren Sie bitte die Informationen!

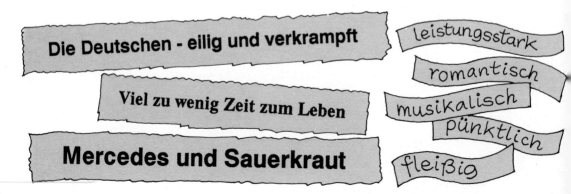

Intonation: Partikeln 1

a) Sprechen Sie bitte nach!

Die Jugendlichen sind eben unzuverlässig.
Das ist eben so.

b) Markieren Sie bitte die Satzmelodie, und lesen Sie die Sätze mit der richtigen Intonation!

Bei denen ist es eben nicht sauber!
Die kennen eben nur ihre Arbeit!
Geizig, wie die eben sind!
Für die ist Ruhe und Ordnung eben das Höchste!
Dort existieren eben noch paradiesische Zustände! Oder?
Vorurteile sind eben immer falsch.

Intonation: Satzpartikeln 2

a) Sprechen Sie bitte nach!

Marcel ist krank.
Dann soll er zu Hause bleiben.

Von wegen. Der will Fußball sehen.
Genau.

b) Markieren Sie bitte die Satzmelodie, und lesen Sie die Sätze mit der richtigen Intonation!

So ein Fest müssen wir bald wieder machen.
Lad doch Bina ein!
Koto ist nett, aber er redet so viel.
Nuri will immer nur tanzen.
Feiern wir doch allein! Dann haben wir keine Probleme.

Unbedingt.

Bloß nicht!
Immerhin. Er ist nie langweilig.
Genau.
Eben.

15

D1 Vermutungen

A: Diese Insel muß als Urlaubsland einfach herrlich sein.

B: Das hab' ich auch gehört: viel Sonne, blaues Meer, gutes Essen. Und das Leben dort soll ganz billig sein.

A: Stimmt genau. Und wissen Sie, was mir besonders gefällt? Die Leute dort sollen wenig arbeiten und glücklich sein.

B: Die Leute dort sollen aber auch relativ arm sein.

A: Na ja, das kann man so, aber auch anders sehen.

B: Wie meinen Sie das?

A: Es geht ihnen jedenfalls besser als ihren Nachbarn.

B: Und woher kommt das?

A: Tja, das weiß ich auch nicht so genau. Auf der Insel soll es nie hohe Militärausgaben gegeben haben. Deshalb muß sie sich doch ganz anders entwickelt haben als ihre Nachbarländer!

B: Das hab' ich auch schon mal gehört, und zwar – warten Sie mal – von Herrn Meier. Der will schon fünfmal dort gewesen sein.

A: Na, ob das wohl stimmt. Der übertreibt ja immer mächtig.

Aufgaben
1. Warum gilt die Insel als sehr schönes Urlaubsland?
2. A glaubt, daß es den Bewohnern der Insel besser geht als ihren Nachbarn. Warum?

Modalverben (4): müssen und sollen

sichere Vermutung: Der Sprecher glaubt, was er sagt.	Ich bin ziemlich sicher, daß die Insel ein herrliches Urlaubsland ist. → Die Insel **muß** ein herrliches Urlaubsland sein.	müssen + Infinitiv Präsens
	Es ist sicher, daß die Insel sich anders entwickelt hat. → Die Insel **muß** sich anders entwickelt haben.	müssen + Infinitiv Perfekt
unsichere Vermutung: Der Sprecher ist nicht sicher, ob das stimmt, was andere gesagt haben.	Ich habe gehört, daß die Leute faul sind. Aber ich weiß es nicht genau. → Die Leute **sollen** faul sein.	sollen + Infinitiv Präsens
	Man sagt, daß die Insel nie hohe Militärausgaben gehabt hat. → Die Insel **soll** nie hohe Militärausgaben gehabt haben.	sollen + Infinitiv Perfekt

Modalverben (5): wollen

Zweifel: Der Sprecher hat Zweifel, ob das stimmt, was ein anderer von sich selbst gesagt hat.	Herr Meier sagt (von sich), daß er schon fünfmal auf der Insel gewesen ist. (Aber ich glaube es nicht so recht.) → Herr Meier **will** schon fünfmal auf der Insel gewesen sein.	wollen + Infinitiv Perfekt

Infinitiv Perfekt?

Ja, zum Beispiel: „sich entwickelt haben", „gewesen sein".

Vermutungen über Deutschland: sicher oder unsicher? D 2

a) **müssen** oder **sollen**?
Sichere oder unsichere
Vermutungen?

Beispiel:
Ich habe gehört, daß es in Deutschland im Winter schneit.
In Deutschland soll es im Winter schneien.

1. Ich weiß ziemlich sicher, daß Hamburg in Deutschland liegt.
2. Man sagt, daß Deutsch eine schwere Sprache ist.
3. Sie hat gelesen, daß die Deutschen nur Sauerkraut essen.
4. Es ist sehr wahrscheinlich, daß es in Deutschland noch anderes Essen gibt.
5. Man sagt, daß die Deutschen den meisten Kaffee in der Welt trinken.
6. Er hat gehört, daß die Männer in Deutschland Röcke tragen.
7. Es gibt keinen Zweifel, daß einige Vermutungen falsch sind.

b) Welche Vermutungen sind richtig, welche falsch?
Was vermuten Sie?

Zwerg und Riese D 3

Ergänzen Sie bitte die Modalverben!

Vermutungen über ein fremdes Land D 4

Beschreiben Sie bitte ein fremdes Land! Sprechen Sie über
die Menschen, die Kultur, das Klima, das Essen, die Sitten…
Alles sind Vermutungen, weil Sie das Land noch nicht
persönlich kennen. Machen Sie mit Hilfe der Modalverben
deutlich:
– was Sie ziemlich sicher wissen,
– was Sie nur gehört haben,
– was die Leute über sich selbst sagen (was Sie aber nicht
  so richtig glauben)!

Wie soll das enden?

Alle grauen Fische haben in der Schule gelernt, daß das
Graumeer ein besseres Meer ist als das Blaumeer. Jeder
graue Fisch weiß, daß sein eigenes Meer das größte und
schönste ist, besser als irgendein anderes Meer.
Natürlich glaubt das kein blauer Fisch. Denn welcher
blaue Fisch hat nicht von seinen Eltern gehört, daß jene
grauen Fische einfach keine guten Fische sind? Und darum
mögen blaue Fische grundsätzlich keine grauen Fische.
Nur einige blaue Fische mit grauem Kopf und manche
grauen Fische mit blauer Brust denken, daß zwei kleine
Fische von verschiedener Farbe dieselben guten Eigen-
schaften haben können. Aber diese Meinung wird nie laut
gesagt.
Und nur wenige graue Fische sprechen mit ein paar
blauen Fischen. Das stört aber die meisten blauen
und die meisten grauen Fische.
Einige Fische sagen:
„Graue Fische, die mit blauen Fischen reden, sind keine
richtigen grauen Fische. Am besten ist es, wenn diese
grauen Fische nach Blaumeer schwimmen ..."

E 2 Determinative und Adjektive

Artikel (8): Artikel und andere Determinative

Singular	Plural
Typ 1 der, derselbe*, dieser, jener, jeder, mancher, welcher	die, dieselben, diese, jene, alle , manche, welche
	Typ A
Typ 2 irgendein, kein, mein, dein, sein usw.	irgendwelche, keine, meine, deine, seine usw.
ein	
	Typ B viele, einige, mehrere
Typ 3 – (ohne Artikel)	Kardinalzahlen: 2, 3 usw.

* derselbe = Artikel + selb + Adjektivendung

Der Typ des Determinativs bestimmt die Endung des Adjektivs in der Nominalgruppe.

Nominalgruppe (5): Die Endungen des Adjektivs in der Nominalgruppe

	Singular									Plural	
	Typ 1			Typ 2			Typ 3			Typ A	Typ B
	m	n	f	m	n	f	m	n	f	m = n = f	m = n = f
Nom.	e	e	e	er	es	e	er	es	e	en	e
Akk.	en	e	e	en	es	e	en	es	e	en	e
Dat.	en	en	en	en	en	en	em	em	er	en	en
Gen.	en	en	en	en	en	en	en	en	er	en	er

Unterstreichen Sie bitte die Artikel und andere Determinative in E 1, und bestimmen Sie sie! Suchen Sie bitte die Endung des Adjektivs in der Tabelle!

Beispiel: dieser graue Fisch = Typ 1, Nom. Sg., m, Endung: e

Übung E 3

Bilden Sie bitte Sätze!

Beispiele:
Miriam findet alle koreanischen Freunde nett.
Wo sitzen dänische Mädchen?
Marcel antwortet den chilenischen Journalisten.

Miriam findet	die alle einige keine mehrere dieselben viele unsere	koreanisch- japanisch- tunesisch- chilenisch- kanadisch- dänisch- polnisch- deutsch- ...	Studenten/innen Touristen Kollegen/innen Kinder ...	sympathisch nett ...
Wo sitzt/sitzen Marcel antwortet	ein- d- kein- dies- eur- –		Kind Herrn Mädchen Fotografen Journalisten	

Unbestimmte Zahlwörter: politisch E 4

unbestimmte Zahlwörter

alle haben gewußt
viele haben gewußt
manche haben gewußt
einige haben gewußt
ein paar haben gewußt
wenige haben gewußt
keiner hat gewußt.

rudolf otto wiemer

Aufgaben

1. Machen Sie bitte den politischen Sinn, den dieses Gedicht für die Deutschen hat, deutlicher!
   Beispiel: Alle Deutschen haben gewußt
   Viel__ Deutsch__ ...
2. Welche Zeit in Deutschland ist in dem Gedicht gemeint?
3. Auf welche Situationen würde die Aussage des Gedichts auch passen?

19

F1 Urteile über Deutsche und Deutsches

a) Lesen Sie bitte zuerst die Aussagen, dann die Texte!
In welchen Texten wird von welchen Themen gesprochen?
Notieren Sie bitte die Nummern der Texte! Sie können
mehr als eine Nummer für jede Aussage notieren.

Aussagen	Nummern der Texte
Arbeitskollegen sagen auch nach Jahren nicht „du" zueinander.	_____
Die Deutschen leben, um zu arbeiten.	_____
Die Deutschen sind sehr gute Techniker.	_____
Die Zeit (Arbeitszeit, Freizeit) spielt in Deutschland eine große Rolle.	_____
Im Gespräch sind die Deutschen sehr direkt.	_____
Sexualität ist kein Tabu in Deutschland.	_____

Texte

1. Seo Dal-Rim
(Krankenschwester aus Südkorea, seit 1968 in der Bundesrepublik Deutschland)
Mir fehlt der Zusammenhalt aller Familienmitglieder von den Enkeln bis zu den
Großeltern. Am meisten verletzt mich die Direktheit der Leute, das ständige Fragen
schon im ersten Moment, wenn man jemand trifft: „Woher kommen Sie?"
Selten bin ich auf Einfühlungsvermögen und Sensibilität gestoßen ...

2. David Shears
(Großbritannien, 16 Jahre lang Korrespondent des „Daily Telegraph" in Bonn)
Ich bin erstaunt, daß sich Deutsche auch nach Jahren gemeinsamer Arbeit in
einem Büro noch mit dem Nachnamen anreden und „Sie" zueinander sagen.

3. Norman Crossland
(Großbritannien, britischer Journalist in der Bundesrepublik Deutschland)
Streß ist ein englisches Wort, aber in Deutschland wird es mehr benutzt als in jedem
anderen Land, das ich kenne ...
Die Deutschen konstruieren hervorragende Kraftwerke, solide Autos
und zuverlässige Waschmaschinen, doch sie produzieren kaum etwas, was
das Leben besonders lebenswert macht.
Man muß den Deutschen ein Kompliment machen für ihre politische Entwicklung
in den letzten 40 Jahren ...

4. Nourelhuda Elkadi
(ägyptische Studentin, fünf Monate in der Bundesrepublik Deutschland)
In Deutschland verbringt man seine Zeit nicht umsonst. In der Arbeitszeit muß
man soviel wie möglich leisten. In der Freizeit versucht man, sich möglichst gut
zu erholen, um weiterarbeiten zu können.

5. Zephania Mgeyekwa
(Tansania, 3 Jahre als Pfarrer in Coburg, Bayern)
Mich schockiert, wie in dieser Gesellschaft Sexualität öffentlich gezeigt wird.

6. Urbanus Tarung
(Pfarrer aus Indonesien, mehrmonatiger Aufenthalt in der Bundesrepublik Deutschland)
Wenn ein Indonesier über eine Kaffeetasse sprechen will, beginnt er mit dem Stuhl, auf
dem er sitzt, kommt dann zu dem davorstehenden Tisch und am Ende zu dem Frühstücks-
geschirr, das auf dem Tisch steht, zu Kaffeekanne, Zuckerdose und Milchbüchse.
Dann erst beschreibt er endlich die Kaffeetasse.
Der Deutsche spricht sofort über die Kaffeetasse, denn er hat für alles andere
keine Zeit, was für ihn weniger wichtig ist ...

b) Ordnen Sie bitte die Bilder den Texten zu!

Die Deutschen von außen gesehen F2

1. Lesen Sie bitte die Texte noch einmal, und vergleichen Sie sie mit den folgenden Meinungen. Notieren Sie bitte kurze Sätze und Stichwörter aus F1, und ergänzen Sie die Nummer des Textes!

Dabei bedeuten:
= So steht das im Text.
≠ Das Gegenteil steht im Text.

Meinungen			Nummer
a) Wenige merken, wie man denkt und fühlt.	=	*Einfühlungsvermögen und Sensibilität selten*	1
b) Auch Erwachsene sagen sofort „du" zueinander.	≠		
c) Die Familienmitglieder haben das Gefühl, daß sie alle eng zusammengehören.	≠		
d) Politisch haben sich die Deutschen positiv verändert.	=		
e) Die Arbeitszeit spielt sogar in der Freizeit (indirekt) eine große Rolle.	=		
f) Im Gespräch sind die Deutschen sehr höflich und vorsichtig.	≠		
g) Bei einem Gespräch kommen die Deutschen gleich zum Thema.	=		

2. Welche Meinungen sehen Sie positiv, welche negativ? Warum?

G Was ist ein Deutscher?

Hören Sie den Text bitte viermal!

a) Erstes Hören:

Der Text behandelt folgende Themen:

Arbeit		Welches Thema kommt als
Urlaub		erstes, zweites, drittes …?
Küche/Essen		
Sprache	1	
Schule		
Dialekt		
Bücher/Lesen		
Musik		

b) Zweites Hören:

Lesen Sie bitte die folgenden Stichwörter zu den Themen
Bücher/Lesen, Essen, Musik, Arbeit! Hören Sie den Text
noch einmal! Welche Stichwörter hören Sie im Text?
Unterstreichen Sie sie bitte!

deutsch	ausländisch
Goethe	die Stones
Heino	Elvis
Sauerkraut	Mozart
Schnitzel	Champagner
Beethoven	Spaghetti
Siemens	Verdi
Luise Rinser	italienischer Wein
Bier	Shakespeare
Heinrich Böll	Sam-sung
VW	Pizza
Nußkuchen	IBM
Kartoffeln	Gulasch
Schiller	Tschaikowsky
Lufthansa	die Beatles

c) Drittes Hören:

Hören Sie bitte den Text noch einmal! Machen Sie sich zu
den einzelnen Themen Notizen (Stichworte)!

Thema

Beispiel: 1. Sprache: _spricht Deutsch wie die Österreicher, Schweizer …_

2. _____

3. _____

4. _____

5. _____

6. _____

7. _____

8. _____

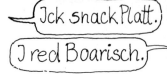

d) Viertes Hören:

Hören Sie bitte den Text ein viertes Mal, und beantworten
Sie die Frage: „Was ist also ein Deutscher?"

A1 Der Körper und seine Teile

DAS HAAR
BEDECKT
DEN KOPF
VON DIESEM
DICKEN
TROPF.
DER
HALS
IST
SCHMAL.
(DAS IST NORMAL.)
JETZT WIRD ES BREITER,
DENN NUN GEHTS WEITER.
DER SEITE. ERST KOMMT DER EINE, DANN DER ZWEITE!
MIT EINEM ARM AN JEDER
NUN IST NICHT SCHLUSS,
ES MUSS VIELMEHR
DIE BRUST
VON DIESEM MANN HIERHER.
DER BAUCH
IST MÄCHTIG, WIE MAN SIEHT.
(EIN GÜRTEL IHN
ZUSAMMENZIEHT.)
ES WILL MIR SCHEINEN
DER REST RUHT AUF ZWEI
LANGEN BEINEN
UND
SIEH!
HIER
UNTEN
GROSSEN
LANGEN BEINEN
FÜNF
ZEHEN
VON DEN
BEIDEN
FÜSSEN.

Nach Paul Maar

Sprichwörter und Redewendungen

1. Wenn man ihm den kleinen Finger gibt, will er die ganze Hand.
2. Auf den Rücken fallen und sich dabei die Nase brechen.
3. Man soll nichts übers Knie brechen.
4. Es steht ihm auf der Stirn geschrieben.
5. Diesen Zahn laß dir ziehen!

Punkt, Punkt, Komma, Strich, fertig ist das Mondgesicht. Mit den ersten Zähnen kommen auch die Tränen.

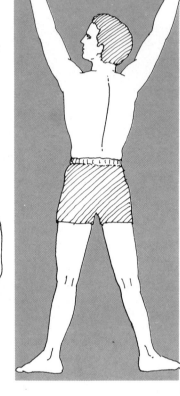

a) Welche Körperteile kommen vor? Machen Sie bitte eine Liste!
b) Welche Umschreibungen passen zu den Sprichwörtern und Redewendungen? Tragen Sie bitte die Nummern ein!

	sehr ungeschickt sein
	Wenn man ihm etwas gibt, will er alles haben.
	Diese dumme Idee mußt du aufgeben.
	Man soll nichts zu schnell entscheiden.
	Man kann in seinem Gesicht lesen, was er denkt.

A2 Unvollständig?

Welche Körperteile erkennen Sie, welche fehlen?

Beispiele:
Auf Bild 1 erkennt man ...
Auf Bild 1 fehlen ...

Sie: Guck mal, wie ich aussehe! Große
Füße, kurze kräftige Beine, dicke Arme,
viel zu schmale Hüften, ein runder Kopf
mit lockigem Haar, schiefer Nase und
breiten Lippen. Nein, wie entsetzlich!
Igitt, wie häßlich!

Er: Aber dafür hast du einen schönen
langen Hals. Wunderbar! Elegant!
Ich liebe lange Hälse!

Sie: Pah! Eine Giraffe würde sich in mich
verlieben, aber kein Mann! Und du?
Wie siehst du denn aus? Du bist ja auch
nicht gerade eine Schönheit! O nein,
hübsch bist du wirklich nicht: große
Nase, runde Augen, schmales Gesicht
mit spitzem Bart. Und Ohren, wie ein
Elefant. Und so ein dicker Bauch!
Furchtbar!

Er: Aber breite Schultern! Breite Schultern
finde ich sportlich. Die würde ich gern
in Wirklichkeit haben.

Sie: Ach, sieh mal einer an! Herr Supermann! Sonst sagst du doch immer:
breite Schultern, schmaler Verstand.

Aufgaben

1. Ergänzen Sie bitte
weitere Körperteile aus
dem Text!

2. Wie wird das Aussehen
der Körperteile
kommentiert? Machen
Sie bitte eine Tabelle!

positiv	wunderbar, …
negativ	entsetzlich, …

Aussehen	Körperteile
groß ≠ klein	Augen, Kopf, Hände, Brust, …
kurz ≠ lang	Arme, Finger, Bart, Haar(e), …
kräftig ≠ dünn dick	Arme, Beine, Hals, Haar(e), …
dick ≠ flach	Bauch
schmal ≠ breit	Nase, …
schmal ≠ rund	Hände, Hüften, Gesicht, …
lockig ≠ glatt	…
schief ≠ gerade	…
rund	Augen
spitz	…

Spiegelbilder A4

Beschreiben und kommentieren Sie bitte
die Spiegelbilder!

Beispiele:
- Der Mann vorne rechts hat
  aber breite Schultern!
  Entsetzlich!
- O nein, bei uns gelten
  breite Schultern als sportlich.
- Ich finde breite Schultern
  häßlich.

B1 Schönheit – was ist das?

1. Lesen Sie bitte zuerst die Überschriften, dann den Text!
   Welche Überschriften passen zu den einzelnen Abschnitten?

a) Schönheit heute
b) Schönheitsideale in Kunst und Mode
c) Das Bild der Frau im Mittelalter
d) Schönheitsideale ohne feste Regeln
e) Schönheit in der Renaissance
f) Die Frau als Bild für Fruchtbarkeit

A Was schön ist, wird vor allem von Kunst und Mode bestimmt.
  Ein Blick auf die Kunst anderer Zeiten zeigt uns schnell, daß sich
  das Schönheitsideal verändert. Es ist übrigens fast immer mit dem
  Bild der Frau verbunden.

B Typisch für die steinzeitliche Plastik ist die „Venus von Willendorf".
  Sie zeigt ein Schönheitsideal, nicht etwa die normalen Körper-
  formen der damaligen Frauen. Die großen Brüste und vor allem die
  breiten Hüften sind Symbole für die erwünschte Fruchtbarkeit.

C Die Frau, die in Europa bis zum Beginn der Neuzeit am häufigsten
  gemalt wurde und das Schönheitsideal der damaligen Zeit
  repräsentierte, war Maria, die Mutter Gottes. Im Mittelalter sehen
  wir die Madonna oft auf goldenem Hintergrund mit dem Jesuskind
  in den Armen. In der Gotik sind ihr Körper und ihr Gesicht schmal.
  Sie hat große Augen, eine lange schmale Nase und einen kleinen
  Mund. Ihr Gesichtsausdruck ist ruhig.

D In der Renaissance wird der Körper ganz anders dargestellt als im
  Mittelalter. Dies wird bei Botticellis Venus besonders deutlich. Der
  Maler hat eine Frau mit runden Hüften, aber relativ kleinen
  Brüsten gemalt. Dieses Bild ist kaum hundert Jahre jünger als
  die Madonna. Es zeigt, wie stark sich das Schönheitsideal in
  diesem Zeitraum verändert hat.

E Heutzutage bestimmen Film, Fernsehen und Werbung, was
  schön ist. Die weiblichen Filmstars oder Fotomodelle sind
  entweder elegant oder sportlich. In beiden Fällen sind lange
  Beine und schmale Hüften wichtig.

F Schön ist, was gefällt. Es gibt keine festen Regeln, die das
  Schönheitsideal über Jahrhunderte bestimmt haben. Während
  man heute sagt: „Schlank ist schön", liebte man in früheren
  Zeiten dicke Bäuche, kräftige Arme und breite Hüften. Wie
  sieht wohl eine Schönheitskönigin im Jahre 3000 aus?

2. Lesen Sie bitte den Text noch einmal. Markieren Sie, aus welchen Zeitabschnitten/Kunstepochen die Schönheitsideale stammen!

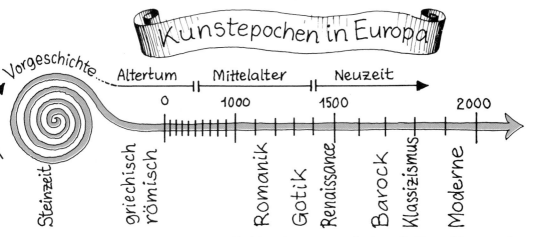

3. Lesen Sie bitte den Text noch einmal! Was erfährt man in welcher Epoche über welches Schönheitsideal? Ergänzen Sie bitte die Tabelle!

Epoche	Beispiel für Schönheitsideal	Aussehen
Gotik		
	Botticellis Venus	
		elegant oder sportlich...

4. Lesen Sie bitte den Text noch einmal! Welches Bild gehört zu welchem Textabschnitt?

Abschnitt ☐   ☐   ☐   ☐

B 2 Wer ist wer?
Wer ist schön?

1. Hören Sie bitte die Texte.
   Welcher Text paßt zu
   welchem Bild?

☐ Rainer Werner Fassbinder   ☐ Rembrandt

2. Welchen von diesen
   Männern finden Sie
   schön?

☐ Karl Marx   ☐ Albrecht Dürer

B 3 Schönheitsideale bei Ihnen

Schönheitsideale waren in Europa in der Vergangenheit
sehr verschieden. In außereuropäischen Ländern gab und
gibt es noch andere Vorstellungen von Schönheit.
Was galt/gilt in Ihrem Land als schön?
Beschreiben Sie Männer/Frauen, die für Sie schön sind!

Beispiele:
Ein Mann galt früher / gilt heute als schön, wenn er eine lange Nase hatte. / hat.
Eine Frau ist für mich schön, wenn ...

B 4 Schönheitswettbewerb

Suchen Sie bitte Bilder und Fotos von Frauen und Männern, die Sie
schön finden! Machen Sie damit einen Schönheitswettbewerb!

Beispiel:
 ⌣ Für mich ist das die schönste Frau/der schönste Mann, weil ...
 ● Nein, für mich nicht. Für mich ist diese Frau/dieser Mann schön,
   weil ...

Sieh einmal, hier steht er,
Pfui! der Struwwelpeter!
An den Händen beiden
Ließ er sich nicht schneiden
Seine Nägel fast ein Jahr;
Kämmen ließ er nicht sein Haar.
Pfui! ruft da ein Jeder:
Garstger Struwwelpeter!

Heinrich Hoffmann

So schönes Haar! Laß mich mal anfassen!
Laß das!
Ich lasse mich nicht berühren!
Ich lasse mir die Haare nicht kämmen!
Ich lasse mir die Nägel nicht schneiden!
Ich lasse niemanden in meine Nähe kommen!
Laß mich in Frieden!
Jetzt laß mich doch mal deine Haare kämmen!
Ich lasse dich auch fotografieren.
Oho, das läßt sich hören.
Dann laß ich mir das gefallen.

C 2   Bedeutungen von „lassen"

① zulassen: erlauben	um Erlaubnis bitten
Ich **lasse** mir meine Haare kämmen.	**Laß** mich mal bitte deine Haare kämmen.

Üben Sie bitte!

Beispiel:
a) Ein Fremder will Ihnen die Tasche tragen. Sie erlauben es.
   → Ich lasse mir gern die Tasche tragen.
                     Maria will Ihnen etwas vorschlagen, etwas Interessantes
                     erzählen, etwas schenken, helfen.

Beispiel:
b) Ein Klassenkamerad will Ihre Hausaufgaben abschreiben.
   Er bittet um Erlaubnis.
   → Laß mich mal bitte deine Hausaufgaben abschreiben!
   → Lassen Sie mich mal bitte Ihre Hausaufgaben abschreiben!
                   Peter will Ihre Fotos sehen, Ihren Brief lesen.
                   Eine Bekannte will Ihren Kuchen probieren,
                   Ihren Kaffee bezahlen, Ihren Koffer tragen.

② nicht zulassen: verbieten
Ich **lasse** mich nicht anfassen. Ich **lasse** mir die Haare nicht kämmen!

Üben Sie bitte!

Beispiel:
Eine alte Dame will Sie anfassen, Sie verbieten es (erlauben es nicht).
→ Ich lasse mich nicht anfassen.
                   Ein Tourist will Sie fotografieren, zeichnen.
                   Anna will Sie küssen, Ihnen die Haare kämmen.

③ veranlassen: dafür sorgen, daß etwas geschieht/getan wird
Ich **lasse** dich fotografieren. Ich **lasse** dir die Nägel schneiden.

Üben Sie bitte!

Beispiel:
Sie sorgen dafür, daß er fotografiert wird.
→ Ich lasse ihn fotografieren.
Sie sorgen dafür, daß man ihm die Haare schneidet.
→ Ich lasse ihm die Haare schneiden.
                   Sie sorgen dafür, daß er angerufen, gekämmt, gemalt wird.
                   Sie sorgen dafür, daß man ihm das Essen bringt, Geld gibt.

④ unterlassen: A will nicht, daß B etwas macht

> Bitte **laß** das! / Bitte **lassen Sie** das!
> **Laß/lassen Sie** mich in Ruhe/in Frieden!

Lassen im übertragenen Sinn   C 3

Erzählen Sie bitte
eine Geschichte
zu den Fotos!

D 1 Göttingen – eine andere Welt?

Ulrike Liebel

Weender Str. 11
3400 Göttingen
14. Oktober

Lieber Alli,

vielen Dank für Deinen Brief vom 28. September. Es hat mich
sehr erstaunt, was einem so alles bei uns auffallen kann. Die
ständigen Gespräche über die schlanke Linie in meiner Familie
zum Beispiel: da kommst Du von außen und stellst diese individuellen Eigenheiten meiner Eltern in einen Zusammenhang mit
dem typischen Schönheitsideal der Deutschen.
Was Dich alles beeindruckt und befremdet hat! Am Strand bauen
die Deutschen Sandburgen; um viele Felder herum findet man
Zäune; in den Büros sind die Türen verschlossen; die Balkons
an den Häusern sind vor neugierigen Blicken geschützt; überall
steht "kein Zutritt" oder "Betreten verboten". – Das alles ist
offenbar für Dich ein Hinweis darauf, daß man hier in Deutschland seinen individuellen Lebensbereich ganz für sich haben
will.
Das kam mir zuerst komisch vor, aber Du scheinst recht zu
haben. Dazu fällt mir ein Erlebnis ein, bei dem ich es neulich
an mir selbst gemerkt habe: Ein Ausländer ist mir ganz nahe
gekommen, als wir einfach nur so miteinander geredet haben.
Zu nahe, wie ich fand. Das war mir unangenehm. Für mich ist
Distanz wohl doch wichtiger, als ich dachte. Aber bei Euch
fällt mir auch auf, daß

Kein Zutritt
für Unbefugte

Schreiben Sie bitte in Stichworten auf, was Alli
aufgefallen ist!
Beispiel: – am Strand bauen die Deutschen Burgen

1. Hier ist der Anfang von Allis Brief. Schreiben Sie ihn bitte zu Ende. Verwenden Sie dabei Ihre Stichwörter!

```
Alli Alga                    Lilastadt, den 28. September

Liebe Ulrike,
jetzt bin ich schon wieder zwei Wochen zu Hause, und Göttingen
ist so weit weg! Ich brauche Dir sicherlich nicht zu wieder-
holen, wie wohl ich mich bei Euch gefühlt habe.
Hier gab es natürlich nach meiner Rückkehr ein großes
Begrüßungsessen. Ich mußte gleich erzählen, was mir an den
Deutschen am meisten aufgefallen ist. Und weißt Du, was ich
als erstes erzählt habe? Daß die Deutschen ständig von der
,schlanken Linie' sprechen. Sie
```

2. Wie finden Sie das, was Alli aufgefallen ist? Diskutieren Sie bitte!

Briefe   D 3

Briefanfang

Sehr geehrte/er/es oder Liebe/er/es
    Frau Klinger,
        Herr Klinger,
            Fräulein Böhlmann,
                Kolleginnen und Kollegen,
                    Frau Dr. Richter,
                        Herr Professor Schmidt,
Sehr geehrte Damen und Herren,
    Lieber Klaus,
        Liebes Klärchen,

Briefende

Liebe Grüße	Mit herzlichen Grüßen	Mit freundlichen Grüßen
Deine Stefanie	*Deine Susanne*	*Michaela Richter*
Dein Thomas	*Dein Heinrich*	
Herzlichst Ihre	Herzlichst Ihr	Hochachtungsvoll
Stefanie Müller	*Heinrich Schmidt*	*Bauer*
		Prof. Dr. A. Bauer

D 4 man

Indefinite Pronomen

Nom.	man
Akk.	einen
Dat.	einem
Gen.	—

Ergänzen Sie bitte das indefinite Pronomen!

Wenn _____ ins Ausland fährt, beeindruckt _____ vieles. Nach der Rückkehr fallen _____ Dinge im eigenen Land auf, über die _____ vorher nie nachgedacht hat und die _____ erstaunen.
Vorher ist es _____ zum Beispiel nie komisch vorgekommen, daß eine bestimmte Tür immer offen oder immer verschlossen ist. _____ hatte allenfalls die Vorstellung: zu Hause ist eben alles normal. Es kann _____ schon befremden, wie anders _____ plötzlich das eigene Land von außen sieht.

D 5 Bedeutungen von scheinen und brauchen

scheinen + zu + Infinitiv	Du scheinst recht zu haben.
Vermutung	= Ich glaube, daß du recht hast.

nicht/kaum/nur + brauchen + zu[1] **+** Infinitiv	Ich brauche nicht zu erklären, daß ... = Ich muß nicht erklären, daß ...
Notwendigkeit/Vorschrift/Pflicht: negativ oder restriktiv	Ich brauche nur zu erklären, daß ... = Ich muß nur erklären, daß ...

[1] Ohne *zu* ist auch korrekt, aber eher umgangssprachlich.

Mit fremden Augen

a) Eine Asiatin erzählt:
Die Deutschen _____ ihre Zäune zu lieben. Sie _____ dauernd ihren Lebensbereich zu verteidigen. Ich _____ es dir kaum zu erklären. Du hast es selbst gesehen. Es _____ kein Fenster zu geben, durch das man schauen kann. Die Deutschen _____ nicht zu wissen, daß man Freude und Not zusammen erleben kann. In meiner Heimat _____ wir keine Mauern zu bauen, um uns zu schützen. In unseren Häusern und Zimmern _____ wir nicht einmal die Türen zu schließen, um allein zu sein. Man _____ sich nur zu entscheiden, ob man für sich sein will oder nicht – auch wenn mehrere im Zimmer sind.

b) Wie klingen diese Sätze mit *zu*?

Du brauchst keine Angst haben.
Er lernt so schnell. Er braucht nie eine Übung wiederholen.
Ihr braucht nur anrufen. Dann kommen wir.

c) Welche Bedeutungen von *scheinen* und *brauchen* kennen Sie schon?

Die Studenten brauchen viele Bücher.
Brauchst du keine Hilfe?
Die Sonne scheint.

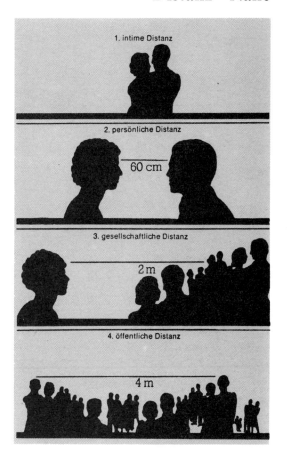

Aus Ulrikes Brief an Alli (D1) erfahren Sie, was ihm in Deutschland aufgefallen ist.

1. Überlegen Sie bitte, was Deutschen bei Ihnen auffallen kann!

Beispiele:
Bei uns fällt Deutschen vielleicht auf, daß ...
Bei uns fällt Deutschen sicherlich nichts auf, weil ...

2. Schreiben Sie bitte an einen deutschen Brieffreund/an eine deutsche Brieffreundin, was Deutschen in Ihrem Land auffällt!

1. intime Distanz

2. persönliche Distanz
60 cm

3. gesellschaftliche Distanz
2 m

4. öffentliche Distanz

4 m

---

a) Sprechen Sie bitte nach:

Guck mal, wie ich aussehe!

Igitt, wie häßlich!

Nein, wie entsetzlich!

Pah!

Sieh mal einer an!

b) Hören Sie bitte zu, und markieren Sie die Satzmelodie!

Wunderbar!

Elegant!

Furchtbar!

Sieh mal einer an!

Erstaunlich, was einem so alles auffallen kann!

Was dich alles beeindruckt und befremdet hat!

Intonation: Ausrufe

c) Rufen Sie bitte laut aus!

O wie schön!
Schrecklich!
Wirklich hübsch!
Natürlich!
Na klar!
Gott sei Dank!
Achtung!

E1 Andere Länder – andere Gesten

1. Der Fingerkuß

2. Die lange Nase

3. Das Vogelzeigen

4. Das Kreiszeichen

5. Der gestreckte Daumen

6. Die Hand vor der Stirn

a) Was bedeuten diese Gesten?
Was vermuten Sie?

Beispiele:
Ich stelle mir vor, daß Geste 1
… bedeutet.

Ich denke mir, daß Geste 1 für
… steht.

Ich habe mir überlegt, daß Geste 1
als … gilt.

Nein, das glaube ich nicht.
Geste 1 bedeutet wohl eher …

Nein, auch nicht. Das ist weder
eine Geste für … noch für …, das
ist eine Geste für …

b) Haben diese Gesten in Ihrem
Land eine andere Bedeutung?

Beispiel:
Der Fingerkuß bedeutet bei uns
„Das Mädchen gefällt mir."

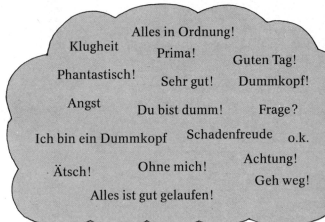

Alles in Ordnung!
Klugheit
Prima!
Guten Tag!
Phantastisch!
Sehr gut!
Dummkopf!
Angst
Du bist dumm!
Frage?
Ich bin ein Dummkopf
Schadenfreude
o.k.
Ätsch!
Ohne mich!
Achtung!
Geh weg!
Alles ist gut gelaufen!

Auflösung für Deutschland:

1. phantastisch	4. prima
2. Ätsch! Schadenfreude	5. Alles ist gut gelaufen, alles in Ordnung
3. Du bist dumm!	6. Ich bin ein Dummkopf.

E2 Gesten für Gäste

Machen Sie bitte eine Liste mit Gesten für Deutsche, die
in Ihr Land kommen! Zeichnen oder fotografieren Sie die
wichtigsten Gesten, und geben Sie die Bedeutung an!

A1 Zukunftsfragen

Konferenz über Zukunftsfragen in Berlin

20 Uhr: Podiumsdiskussion

Teilnehmer:
Gerda Klinger, Bundesrepublik Deutschland;
Dr. Amadou Dia, Senegal;
Prof. Dr. Cha In-Sok, Südkorea;
Marie Vardin, Schweiz.
Diskussionsleitung: Peter Müller

GK: ... Neulich bekam ich eine Geburtsanzeige mit folgendem Text: „Auch wenn wir wissen, daß morgen die Welt untergeht, pflanzen wir dennoch heute ein Apfelbäumchen." Sicher wundern Sie sich über diese Worte. Ich will Ihnen den Hintergrund erläutern. Bei uns häufen sich die pessimistischen Nachrichten: Fischsterben im Rhein durch giftige Abwässer, radioaktive Verseuchung der Umwelt nach Reaktorunglück, Arbeitslosigkeit durch Rationalisierung und Verwendung neuer Technologien, neue Krankheiten durch Umweltverschmutzung, Waldsterben durch sauren Regen.
Die Reaktionen meiner Mitbürger darauf sind unterschiedlich. Die einen flüchten sich in Okkultismus und Wahrsagerei. – Ich finde, diese Leute verschließen die Augen vor der Zukunft. – Andere, wahrscheinlich sogar die Mehrheit, sind mit den Verhältnissen zufrieden. Sie sehen zwar die Probleme, halten sie jedoch für lösbar. „Es gibt eben keine Technik ohne Risiko", sagen sie. – Wieder andere engagieren sich zum Beispiel in Bürgerinitiativen gegen Umweltverschmutzung oder Atomkraftwerke. Sie wollen sich mit den negativen Zukunftsaussichten nicht abfinden. Zu ihnen gehören auch meine Freunde mit der Geburtsanzeige.

PM: Vielen Dank, Frau Klinger. Ihr Bericht klingt ganz anders als der von Herrn Dr. Dia aus Senegal.
Meine Damen und Herren, Sie erinnern sich daran, was Dr. Dia vorhin gesagt hat: Die einzige Chance für die Entwicklung eines Landes der Dritten Welt ist modernste Technik; Umweltbelastungen müssen dabei in Kauf genommen werden.
Aber blicken wir noch nach Ostasien. Welchen Standpunkt vertritt man in Südkorea, einem Land, das wir als Schwellenland bezeichnen? Professor Cha In-Sok bitte!

CI: Ja, unsere Situation ist wieder ganz anders. Wir müssen uns fragen, ob wir notwendigerweise alle Fehler wiederholen müssen, die die Industrieländer gemacht haben. Oder ob wir durch eine Verbindung von Tradition und Fortschritt einen neuen Weg finden können. Aber wie soll dieser Weg aussehen?

PM: Vielleicht kann uns da Frau Marie Vardin aus Genf in der Schweiz weiterhelfen.

MV: Ich kann den Überlegungen meines Vorredners nur zustimmen. Gott sei Dank stellen sich bei uns immer mehr Leute diese Fragen. Und sie kommen immer öfter zu dem Ergebnis: Man muß die Technik nutzen, aber nicht alles, was technisch machbar ist, ist auch ökologisch vernünftig. Ich denke da z. B. nur an die vollautomatischen Kameras mit Motor und giftigen Batterien.

PM: Vielen Dank für diese beiden Beiträge. Ich zweifle daran, daß wir das Thema schon vollständig behandelt haben. Doch nun möchte ich Ihnen, meine Damen und Herren, Gelegenheit geben, Fragen zu stellen. Bitte sehr, die Dame in der zweiten Reihe ...

1. Ordnen Sie bitte die passenden Nominalgruppen aus A1 zu!
   Beispiel: eine Geburtsanzeige, in der folgender Text steht
   → eine Geburtsanzeige mit folgendem Text

a) Fische sterben im Rhein, weil die Abwässer giftig sind.
b) Nach einem Reaktorunglück ist die Umwelt radioaktiv verseucht.
c) Menschen werden auch deshalb arbeitslos, weil man in der Industrie immer mehr rationalisiert und immer neue Technologien verwendet.
d) Es gibt neue Krankheiten, weil die Umwelt verschmutzt ist.
e) Jede Technik hat ihre Risiken und Gefahren.
f) Die einzige Chance, daß ein Land der Dritten Welt sich weiterentwickelt, ...

2. Suchen Sie bitte die richtigen Zusammenhänge!

was?	warum? wozu? wodurch?
Fischsterben im Rhein	
Arbeitslosigkeit	
	Reaktorunglück
neue Krankheiten	
	saurer Regen
Umweltbelastungen in Kauf nehmen	
neue Wege durch Verbindung von Tradition und Fortschritt	*Fehler der Industrieländer nicht wiederholen*
nicht alles nutzen, was technisch machbar ist	

3. Der Diskussionsleiter gibt eine Zusammenfassung des Beitrags von Dr. Dia. Fassen Sie bitte die Beiträge von Frau Klinger und Frau Vardin zusammen!

Diskussion: Zukunft in Ihrem Land A 3

Sehen Sie sich bitte noch einmal die Diskussionsbeiträge von A1 an!
Wie werden Zusammenhänge hergestellt?
Wo werden Beispiele gebracht? Wofür?
Wann werden Fragen gestellt? Wozu?
Diskutieren Sie bitte für Ihr Land in ähnlicher Form weiter!

So können Sie Ihren Beitrag beginnen:
„Ich kann ... nur/nicht zustimmen, denn in meinem Land ...
„Ich finde, daß ... recht hat, denn ...
„Bei uns ist die Situation ganz anders als/ genauso wie ...
„Meine Vorstellung über die Zukunft in meinem Land sieht so aus: ...“

A 4 Wie wird die Welt in 100 Jahren aussehen?

a) Sehen Sie sich bitte die Bilder an, und lesen Sie die Sätze!
b) Ordnen Sie bitte dem Pessimisten und dem Optimisten die passenden
   Sätze zu! Tragen Sie die Nummern in die Kreise ein!
c) Machen Sie bitte aus den Sätzen zwei zusammenhängende Texte! Verwenden
   Sie dabei die Satzverknüpfer *aber, dann, deshalb*!

Der Pessimist

Der Optimist

① Die ganze Industrie wird sich auf dem Mond befinden, wo ferngesteuerte Roboter die Arbeit tun.

② Viele Pflanzen und Tiere werden aussterben.

③ Nur ein geringer Prozentsatz der Menschheit wird diese Katastrophe überleben.

④ Auf der Erde wird es keinen Streß und keine Umweltverschmutzung mehr geben.

⑤ Die Menschheit wird sich zunächst verdoppeln.

⑥ Die Menschen werden in Harmonie und Freiheit leben.

⑦ Alle werden sich verstehen, und das Wort Krieg wird es wohl auf unserem Planeten nicht mehr geben.

⑧ Die chemische Vergiftung von Luft, Wasser und Boden wird zu einer Naturkatastrophe führen.

A 5 Zukunft

Futur: werden + Infinitiv

Die Menschen (werden) in Harmonie (leben).

Mit dem Futur kann Zukunft ausgedrückt werden.

1. Unterstreichen Sie bitte alle Futurformen in A 4.
2. Bilden Sie bitte neue Sätze im Futur.

Beispiel: Die Menschen → Die Menschen werden sich verstehen.

1. Die Menschheit
2. Pflanzen
3. Chemische Vergiftung
4. Wenige Menschen
5. Die ganze Industrie
6. Auf unserem Planeten

aussterben
sich verdoppeln
zu einer Katastrophe führen
überleben
sich auf dem Mond befinden
sich verstehen
es keinen Streß geben
in Harmonie leben

werden (2): Übersicht   **Werden – Werden – Werden   A 7**

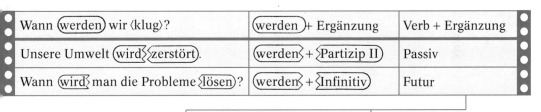

Wann (werden) wir ⟨klug⟩?	(werden) + Ergänzung	Verb + Ergänzung
Unsere Umwelt (wird)⟨zerstört⟩.	(werden) + ⟨Partizip II⟩	Passiv
Wann (wird) man die Probleme ⟨lösen⟩?	(werden) + ⟨Infinitiv⟩	Futur

Bedeutung von „werden"

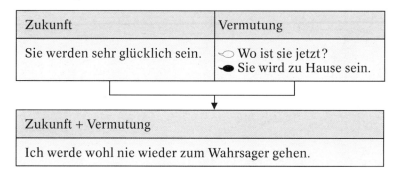

Zukunft	Vermutung
Sie werden sehr glücklich sein.	◦ Wo ist sie jetzt? ● Sie wird zu Hause sein.

Zukunft + Vermutung
Ich werde wohl nie wieder zum Wahrsager gehen.

Markieren Sie bitte die Verben, und bestimmen Sie **werden**!   **Wahrsagerei   A 8**
Beispiel: Wie wird meine Zukunft aussehen ?
          werden + Infinitiv = Futur: Zukunft

1. In vielen Zeitungen wird Hilfe von Wahrsagern angeboten.
2. Natürlich wird man neugierig.
3. Zum Beispiel wird die Zukunft aus der Hand gelesen.
4. Bei persönlichen Problemen wird Hilfe versprochen.
5. Auf die Stellung der Planeten wird Rücksicht genommen.
6. Werde ich durch den Blick in meine Zukunft glücklicher und zufriedener?
7. Beim Lesen dieser Anzeige wird mir klar, daß ich gar nicht wissen will,
   was mir passieren wird.
8. Das Negative wird wohl unangenehm sein.
9. Und außerdem: Werde ich mich über das Positive noch freuen, wenn es mir
   vorher schon angekündigt wird?
10. Aber Wahrsager werden wohl ziemlich viel verdienen.
11. Vielleicht werde ich selbst mal Wahrsager.

B1 Zukunftsaussichten: Heile Welt

Nach neuesten Erkenntnissen brauchen wir uns keine Sorgen um unsere Zukunft zu machen. Schon bald kann jeder von uns seine Arbeit zu Hause erledigen, weil dann jede Familie einen Computer besitzt. In naher Zukunft ist die Schwerarbeit abgeschafft. Dafür haben wir dann Roboter.

In etwa 40 Jahren sind auch sämtliche Verkehrsprobleme gelöst. Denn die unangenehmen Wege zum Arbeitsplatz werden wegfallen. Die verkehrsreichen Autostraßen sind dann verschwunden, Geschäftsreisen sind im neuen Jahrtausend dank der allgemeinen Telekommunikation unnötig. Und alle Fahrzeuge bewegen sich ab ungefähr 2030 nur noch unter der Erde.

Spätestens um 2050 ist die Umwelt wieder gesund. Gegen 2060 ist die weltweite Agrarreform gelungen. Damit wird die Ernährung aller Menschen gesichert sein.

Noch bevor das 21. Jahrhundert zu Ende geht, ist unser Traum Wirklichkeit geworden. Unsere Enkel werden den Unterschied zwischen Arbeit und Freizeit nicht mehr kennen. In ihrer Generation können die Menschen frei und friedlich wie im Paradies leben.

Wie finden Sie diese Zukunftsaussichten?
Wiederholen Sie bitte die Hauptaussagen, und kommentieren Sie diese positiv, ironisch oder skeptisch!

	Aussage:	Kommentar:
Beispiel:	Alle Menschen arbeiten zu Hause.	Das sind ja rosige Aussichten!

B2 Ungefähr

Ergänzen Sie bitte die ungenauen Zeitangaben aus B1!

genau	ungenau
in ... Tagen/Monaten in ... Jahren in 40 Jahren von 2000 an ab 2030 2050 2060 bis 2099	in naher Zukunft im neuen Jahrtausend

Temporalangabe + Präsens   **Zukunft anders ausgedrückt   B 3**

> (**Dann**)(besitzt)jede Familie einen Computer.
>
> Die Temporalangabe signalisiert, daß mit dem Präsens Zukunft ausgedrückt wird.

Bilden Sie bitte Sätze im
Präsens, die Zukunft
ausdrücken!
Beispiel:
schon bald – Arbeit zu
Hause erledigen
Wir erledigen die Arbeit
schon bald zu Hause.

1. in 30 Jahren   – Roboter haben
2. ab 2030   – Geschäftsreisen unnötig sein
3. um 2050   – Umwelt gesund sein
4. gegen 2060   – Ernährung gesichert sein
5. in 100 Jahren – im Paradies leben

Temporalangabe + Perfekt

> (**Im Jahre 2050**) (sind) alle Straßen(verschwunden).
>
> Die Temporalangabe signalisiert, daß mit dem Perfekt ein
> abgeschlossener Vorgang in der Zukunft ausgedrückt wird.

2050

Suchen Sie bitte die Perfektformen von *verschwinden, gelingen* und *werden*
im Text B 1! Mit welcher Temporalangabe wird die Zukunft ausgedrückt?

Was ist passiert? Was wird gemacht? Was ist gemacht?   B 4

Zustandspassiv

	[Die Straßen] sind verschwunden .	Aktiv Perfekt
Prozeß/Vorgang	[Die Probleme] werden gelöst .	Vorgangspassiv
Resultat/Zustand	[Die Probleme] sind gelöst .	Zustandspassiv

Woran kann man den Unterschied zwischen Perfekt und Passiv erkennen?

Man kann zum Beispiel den Passivsatz umformen. Im Aktiv steht dann eine Akkusativergänzung.

Formen Sie bitte die folgenden Sätze um, und bestimmen Sie: Perfekt oder Passiv?

Beispiele: **Aktiv Perfekt:** 1. [Die Straßen] sind verschwunden.
→ **Aktiv Präsens:** [Die Straßen] verschwinden.
Zustandspassiv: 2. [Die Probleme] sind gelöst. [wir]
→ **Aktiv Präsens:** [Wir] lösen ⟨die Probleme⟩.

3. Die Arbeit ist erledigt.
4. Die Verkehrsprobleme sind gelöst.
5. Die Geschäftsreisen sind unnötig geworden.
6. Die Agrarreform ist gelungen.
7. Der Apfelbaum ist gepflanzt.
8. Ein Traum ist Wirklichkeit geworden.

wir
Spezialisten, Familie
Roboter

Perfektsatz	Passivsatz
1.	2.

B 5 Die Zeit läuft

Ergänzen Sie bitte die Tabelle für die Jahre 1990, 2000, 2050!

Beispiel:
Verkehrsprobleme lösen

1990: Pläne	2000: Fragen	2050: Resultate
Wir müssen die Verkehrsprobleme lösen.	Wann werden die Verkehrsprobleme endlich gelöst?	Die Verkehrsprobleme sind gelöst.

1. die Schwerarbeit abschaffen; 2. die Arbeitsplätze verändern; 3. die Ernährung aller Menschen sichern; 4. die Umwelt gesund machen; 5. viele Probleme lösen; 6. das Paradies schaffen.

B 6 Wahrsagerei

Sagen Sie bitte Ihrer Nachbarin/Ihrem Nachbarn eine rosige Zukunft voraus!

Beispiel:
In fünf Jahren werden Sie/ wirst du eine Reise machen. Auf der Reise ...

B 7 No future – Keine Zukunft?

Ich denke nicht viel über morgen nach. Ich lebe jetzt und heute. Ich sehe nicht ein, warum die Zukunft wie ein böser Traum über meiner Gegenwart liegen soll.
Sonja Huwe, 17 Jahre

Früher wollte ich eine Familie haben. Aber heute frage ich mich, ob es überhaupt eine Zukunft für uns Menschen gibt. Wenn ich aus dem Fenster in unseren Garten sehe oder im Wald spazierengehe, vergesse ich meine Zukunftsangst und sehe nur das Schöne. Doch muß ich immer an uns Menschen denken. Wir behandeln unsere Welt so schlecht und vergessen dabei, daß wir keine zweite im Kofferraum unserer Autos haben.
Sigrid Schulz, 15 Jahre

Ich kann mich dem „No-future"-Geschrei nicht anschließen. Ich bin viel zu beschäftigt, mir meine eigene Zukunft zu schaffen. Wenn das jeder macht, dann haben wir alle eine Zukunft.
Christian Höffben, 17 Jahre

Diskutieren Sie bitte diese Meinungen von deutschen Jugendlichen! Was ist Ihre Meinung?

Import und Export von Büchern als kulturelle Brücke　C1

Die Frankfurter Buchmesse ist jedes Jahr eine will-
kommene Einladung zur Welt des Buches und zu den
Büchern der Welt. Für den einzelnen Leser sind Bücher
stille Freunde, für die Völker der Erde sind sie solide
Pfeiler der geistigen Brücken, über die sich ein kultu-
reller Dialog entwickeln kann.
Die Frankfurter Buchmesse zeigt, wie dieser Brückenschlag mutig gelingt, auch über ideologische Gräben und
weite Distanzen hinweg: In diesem Jahr bringen nahezu
7000 Verlage aus 84 Ländern 320 000 Buchtitel auf die
Messe, darunter 92 000 Neuerscheinungen.
Rede von Bundesaußenminister Hans-Dietrich Genscher bei
der Eröffnung der Frankfurter Buchmesse 1986.

Aufgaben

1. Welche Wörter gehören zum Thema „Buch"?
   Beispiel: Neuerscheinung
2. Welche sprachlichen Bilder werden in der Rede benutzt?
   Beispiel: Bücher sind „stille Freunde".
3. Beschreiben Sie bitte die Aussagen der Tabellen!
   Benutzen Sie dabei folgende Wörter und Wendungen:

ausführen, exportieren (nach, in die) einführen, importieren (aus, aus der, aus den) kaufen in verkaufen an	
im Wert von ... DM in Höhe von ... DM für ... DM	größer, kleiner als mehr, weniger ... als die meisten, die wenigsten insgesamt
in der Ausfuhr/Einfuhr steht an erster/... Stelle vor/nach	

Beginnen Sie bitte so:
1985 hat Österreich Bücher im Wert von 84 636 000 DM
in die Bundesrepublik Deutschland exportiert. Es steht
von allen Ländern an erster Stelle. ...

4. Suchen Sie bitte Beispiele aus den Tabellen, die zeigen,
   wo die Einfuhr oder Ausfuhr von Büchern eine Brücke
   ist
   a) über ideologische Gräben; b) über weite Distanzen!

Einfuhr von Büchern in die Bundesrepublik Deutschland 1986 nach Herkunftsländern: Wert in 1000 DM

Land	1986	1986 in %
Österreich	86 601	17,2
Schweiz	82 822	16,5
USA	61 255	12,2
Großbritannien	55 965	11,1
Italien	39 553	7,9
Niederlande	37 452	7,4
Japan	26 534	5,3
Dänemark	24 118	4,8
Belgien/ Luxemburg	20 043	4,0
Frankreich	19 419	3,9
Tschechoslowakei	8 833	1,7
Spanien	7 713	1,5
Jugoslawien	5 833	1,2
Ungarn	4 386	0,9
Schweden	3 747	0,7
Hongkong	3 074	0,6
Finnland	2 789	0,5
Portugal	1 898	0,4
Singapur	1 971	0,4
Türkei	970	0,2
Korea, Süd-	924	0,2
Israel	679	0,1
Andere Länder	6 644	1,3
Insgesamt	**503 314**	**100,0**

Ausfuhr von Büchern aus der Bundesrepublik Deutschland 1986 nach Abnahmeländern: Wert in 1000 DM

Land	1986	1986 in %
Schweiz	262 365	25,7
Österreich	244 665	23,9
USA	101 682	9,9
Niederlande	86 204	8,4
Frankreich	64 187	6,3
Italien	36 364	3,6
Belgien/ Luxemburg	35 235	3,5
Japan	34 977	3,4
Großbritannien	32 132	3,1
Schweden	14 836	1,5
Dänemark	13 267	1,3
Spanien	9 556	0,9
Norwegen	9 103	0,9
Kanada	7 838	0,8
Finnland	4 691	0,5
Australien	4 676	0,5
China, Volksrep.	4 298	0,4
Griechenland	4 061	0,4
Nigeria	3 778	0,4
Sowjetunion	3 623	0,4
Jugoslawien	3 411	0,3
Indien	2 873	0,3
Polen	2 498	0,2
Brasilien	2 369	0,2
Andere Länder	33 333	3,2
Insgesamt	**1 022 072**	**100,0**

C 2 Über die Grenzen: Import und Export von Schmutz

1. Sehen Sie sich bitte die beiden Graphiken an, und lesen Sie dann bitte den Text! Welche Abschnitte passen zu den Graphiken?

Der saure Regen und seine Wirkung A

Schwefeldioxid + Sauerstoff + Regenwasser → Schwefelsäure (H_2SO_4)

Schwefeldioxid (SO_2) steigt in die Luft.

Die Wälder sterben.

Schwefel (S) in Kohle und Öl verbrennt zu Schwefeldioxid (SO_2).

Die Säure dringt in den Boden ein.

Die Säure zerstört das biologische Gleichgewicht im Boden.

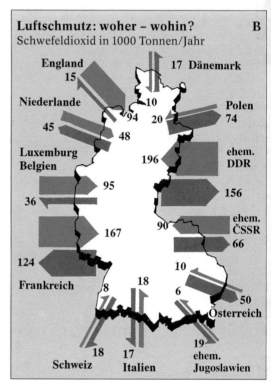

Luftschmutz: woher – wohin? B
Schwefeldioxid in 1000 Tonnen/Jahr

England 15
Niederlande 45
Luxemburg Belgien 36
95
124
Frankreich 8
18
Schweiz 18

17 Dänemark
Polen 74
ehem. DDR 156
ehem. ČSSR 66
Österreich 50
ehem. Jugoslawien 19

10
94 20
48
196
167 90
10
6
17 Italien

Weltweit steigen jährlich rund 200 Millionen Tonnen Schwefeldioxid in die Luft.

① „Es gibt heute ein wachsendes Bewußtsein von Gemeinsamkeit, das uns Europäer über die Grenzen der Staaten und über politische Systeme hinweg verbindet." Diese Aussage Hans-Dietrich Genschers auf der Buchmesse gilt nicht nur für den kulturellen Bereich. Im Bewußtsein einer gemeinsamen Umwelt haben sich Wissenschaftler in internationalen Organisationen zusammengefunden, um durch Forschung den Schmutzimport und -export zu bekämpfen.

② Seit einigen Jahren weiß man, daß bei diesem Export/Import Schwefeldioxid an vielen Umweltschäden beteiligt ist. Das zeigt sich z. B. an den sterbenden Wäldern. Schwefeldioxid ist ein farbloses, scharf riechendes Gas, das bei der Verbrennung von Erdöl, Erdgas und Kohle entsteht.

2. Welche der beiden Aussagen (a oder b) entspricht welcher Textstelle?

1 a) es wird immer deutlicher, daß man vieles gemeinsam hat
   b) es wird deutlich, daß die Gemeinsamkeiten immer mehr werden
2 a) weil alle gemeinsam die Umwelt kennen
   b) weil sie wissen, daß es nur eine gemeinsame Umwelt gibt
3 a) Das Sterben der Wälder ist ein Beispiel für die Folgen des Schmutzexports und -imports.
   b) Das Sterben der Wälder ist ein Beispiel für die Beteiligung von SO_2 an vielen Umweltschäden.

Schwefeldioxid und seine Wirkung   C 3

Attribute (1): Partizip I

ein wachsen**des** Bewußtsein	ein Bewußtsein, das wächst
sterben**de** Wälder	Wälder, die sterben
die linksstehen**de** Tabelle	die Tabelle, die links steht
Infinitiv + **d** + Adjektivendung	

Ergänzen Sie bitte das Partizip I!

Auf der Graphik A kann man die _____ Wirkung von Schwefeldioxid erkennen. Das _____ _____ Gas entsteht aus _____ Erdöl und aus _____ Kohle. _____ Wälder sind das Ergebnis. Die _____ Zahlen der Graphik B machen deutlich, daß die Umweltverschmutzung ein internationales Problem ist. Überall in der Welt verursacht die _____ Umweltverschmutzung nicht nur große Schäden, sondern auch _____ Kosten.	*zerstören* *scharf riechen* *verbrennen (2x)* *sterben* *beeindrucken* *vernichten* *steigen*

Übung   C 4

Formen Sie bitte das Partizip in einen Relativsatz um, und suchen Sie dann die beste Übersetzung in Ihrer Muttersprache!

Beispiel: das verbindende Bewußtsein → das Bewußtsein, das verbindet

a) die wachsende Weltbevölkerung
b) die steigenden Kosten
c) die hungernden Menschen
d) der rettende Gedanke
e) das immer fehlende Geld
f) die kommenden Probleme

Umweltschutz   C 5

Welche nationalen oder internationalen Umweltschutzorganisationen kennen Sie? Welche Ziele haben diese Organisationen?

D 1 Auf der Frankfurter Buchmesse

**Gespräch zwischen einer
ausländischen Verlegerin
und einem deutschen
Verlagsvertreter**

1. Lesen Sie bitte zuerst die
   Stichworte, und hören
   Sie dann das Gespräch!

2. Welche Stichworte werden in dem Gespräch gebraucht?
   Hören Sie bitte das Gespräch noch einmal, und kreuzen Sie an!

(a) Guten Abend / Guten Tag	□
(b) der führende Verlag / der älteste Verlag	□
(c) Landwirtschaftstechnik / Eisenbahntechnik	□
(d) Fachbuchproduktion / Wörterbuchproduktion	□
(e) im Bereich der Literatur / im Bereich der Technik	□
(f) Bücher der letzten Jahre / Neuerscheinungen	□

(g) Lizenz / Liste	□
(h) Landschaft / Landwirtschaft	□
(i) Gifte / Gedichte	□
(j) längerfristige Planung / plötzliche Entscheidung	□
(k) praxisnahe Handbücher / theoretische Fachliteratur	□

W

3. Einige der angekreuzten Wörter kennen Sie noch nicht.
   Suchen Sie sie bitte in Ihrem Wörterbuch oder im
   Glossar!

4. Lesen Sie bitte die folgenden Fragen! Hören Sie das
   Gespräch noch einmal, und beantworten Sie dann bitte
   die Fragen!

DIE NACHFRAGE NACH ÖKOLOGISCHER LITERATUR IST UNGLAUBLICH...

VERLAG

rebruk

a) Warum besucht die Verlegerin den deutschen
   Verlag auf der Frankfurter Buchmesse?
   Sie interessiert sich für – Bücher über Kaffee und Tee □
   – die Fachbuchproduktion
   deutscher Verlage □
   – Landwirtschaft ohne Gifte. □

b) Warum kann man das erfolgreiche Buch „Landwirtschaft
   ohne Gifte. Planungsvorschläge für die nächsten Jahre"
   in ihrem Heimatland nicht gut verkaufen?
   Dort – arbeitet man schon immer ohne
   Gifte in der Landwirtschaft □
   – plant man längerfristig □
   – hat man andere Probleme □

c) Was für Bücher kann man dort gut verkaufen?
   – Bücher zur Geschichte der
   Technik □
   – praxisnahe Handbücher aus
   dem Bereich Technik □
   – ökologische Fachliteratur □

Welche Ausdrücke sagen etwa das gleiche aus?   **Übung**   **D 2**

A Ich würde mich gern einmal bei Ihnen umsehen.	1 Wir würden gern Bücher aus Ihrem Verlag in unser Verlagsprogramm aufnehmen.
B Ich interessiere mich für den Bereich Technik.	2 Wir sind der größte Verlag, der sich auf Landwirtschaftstechnik spezialisiert hat.
C Wir sind der führende Verlag für Landwirtschaftstechnik.	3 Können Sie mich vielleicht über Ihre Produktion von Fachbüchern über Technik informieren?
D Wir möchten Produktionen aus Ihrem Verlag in Lizenz übernehmen.	4 Ich möchte die neuen Bücher kennenlernen.
E Ich möchte mich über alle Neuerscheinungen informieren.	5 Darf ich mir Ihre Produktion einmal ansehen?

Messegespräche zwischen Buchhändler und Verlagsvertreter   D 3

⌐ Was kostet denn das neue Technik-Lexikon? Ist es sehr viel teurer als das alte? Es muß ja schließlich auch in der Buchhandlung verkauft werden – nicht nur hier auf der Messe.

● Ja, etwas teurer ist es schon. Aber es ist auch sehr viel besser und auf dem aktuellsten Stand.

⌐ Würden Sie mir bitte auch die alte Ausgabe von „Medizin heute" zeigen?

● Tut mir leid. Die haben wir gar nicht mehr im Programm. Aber warum interessieren Sie sich denn für eine alte Ausgabe, wenn es eine neue, aktuelle gibt?

Schreiben Sie bitte Rollenkarten, und spielen Sie die Dialoge! Benutzen Sie dabei bitte D 2 und D 3!

Beispiel:

Rollenspiel: Im Buchladen   D 4

Kursteilnehmer – will ein bestimmtes Sprachbuch kaufen – ist skeptisch, will nicht so viel Geld ausgeben – fragt nach dem Preis von Sprachbuch und Kassettenprogramm …	Buchhändler – empfiehlt ein neues Programm mit Video-Kassetten – sagt, daß das neue Programm gar nicht teuer ist – …

Interessieren Sie sich bitte für/informieren Sie bitte über:
– ein wissenschaftliches Lehrbuch
– ein Lexikon
– ein Wörterbuch
– …

E1 Cartoon

„Was wir noch nicht
haben, das ist ⟨Rettet die
Umweltverschmutzung⟩."

E 2 Plakate
Wo droht bei Ihnen Zerstörung durch Umweltverschmutzung?
Zeichnen Sie bitte Plakate!

♪ **Laute: Reduzierung bei schnellem Sprechen**

1. Lesen Sie bitte!
   Hast du mal einen Moment Zeit?
   [hast du: ma:l ʔaenən mɔmɛnt tsaet?]
2. Vergleichen Sie bitte!
   [hasdu: ma:l ʔaen mɔmɛn tsaet?]
   [hastə ma: n̩ mɔmɛn tsaet?]
   [hastə ma:n̩ mɔmɛn tsaet?]

3. Sprechen Sie bitte nach!
   [ʔɪç mœçdi:ɐ̯ ma:nə fra:gə ʃtɛln̩ . kanstəs vɔrt
   ʔaoʃpra:xə ʃraem̩ ?]
4. Schreiben Sie bitte diesen Text in
   normaler Schrift! Ergänzen Sie dabei die
   reduzierten Laute!
5. Diktat: Wünsche zum neuen Jahr. Hören
   und schreiben Sie bitte!

Lektion 4

4

A 1 Erziehung und Ausbildung international

- Mein Elternhaus ist auch heute noch ein Zentrum für mich.
- Im Mittelpunkt stand für mich immer die Schule.
- Freundinnen machten mir Mut weiterzulernen.

00	**Nachrichten** 0800 1200 1600 2000 0000 0400 UTC
10	**Kommentar**
15	**Jugend heute** 22.05. Erziehung und Ausbildung international Junge Leute aus aller Welt über ihre Bildungsgänge. Die Rolle von Elternhaus, Schule und Freunden in der Entwicklung junger Menschen
45	**Volksmusik**

DW: Guten Tag, meine Damen und Herren. Hier ist die Deutsche Welle mit *Jugend heute*. Unser Thema: Welche Faktoren bestimmen die Entwicklung junger Menschen? Das Elternhaus? Die Schule? Die Freunde? Hören Sie jetzt einige Stimmen, die wir für Sie aufgenommen haben.
Zunächst Isabelle Bernard aus Bordeaux/Frankreich:

IB: Seit zwei Jahren studiere ich an einer Kunsthochschule, wie man in Deutschland sagen würde. Trotz meines Studentenlebens ist mein Elternhaus immer noch das Zentrum für mich. Meine Eltern sind sehr kontaktfreudig. Das hängt mit dem Beruf meines Vaters zusammen. Er ist Exportkaufmann. Schon als Kind hatte ich daher Gelegenheit, viele interessante Leute aus aller Welt kennenzulernen. In meiner Kindheit fand ich meine Mutter sehr streng, denn sie legte großen Wert auf gute Umgangsformen. Das erleichtert das Leben, sagte sie immer. Heute bin ich meinen Eltern dankbar, weil ihre Erziehung so streng war. Dies macht es mir leicht, mich im Leben zurechtzufinden.
In der Schule war ich mittelmäßig, ich mochte sie nicht. Bis fünf Uhr Unterricht, danach die vielen Hausaufgaben, und am Schuljahresende die schweren Prüfungen. Das alles war schrecklich für mich. Da war das Elternhaus direkt erholsam. Trotzdem habe ich am Ende noch einen ganz guten Schulabschluß geschafft und konnte so mein Studium beginnen.

DW: Und nun Toshio Endo aus Kyoto/ Japan:

TE: Meine Ausbildung war ganz normal. Während meiner Kindheit stand die Schule immer im Mittelpunkt. Sie ist für ein japanisches Kind viel wichtiger als für ein deutsches. Ich habe nur als kleines Kind gespielt. Meine Eltern mußten mich schon sehr früh für die sogenannte Vorschule anmelden. Das entspricht etwa dem Kindergarten in Deutschland. In der Schule mußten wir alle sehr viel und hart arbeiten. Auch außerhalb der Schule gab es kaum Freizeit. Vor allem die Prüfungen waren sehr schwer. Wegen der späteren Karriere sind gute Leistungen und Zeugnisse sehr wichtig. Außerdem darf man seine Eltern nicht enttäuschen. Ich habe nie darüber nachgedacht, ob ich dieses Leben gut fand oder nicht. Es war einfach so.

DW: Und nun Afaf Hamdi aus Alexandria/ Ägypten:

AH: Ich habe Glück, daß ich heute lebe. Vor 30 Jahren, als meine Eltern jung waren, mußte man noch viel Schulgeld zahlen. Sie mußten darum frühzeitig einen Beruf erlernen und konnten die höhere Schule nicht besuchen. Meine Eltern wollten immer, daß wir es besser haben als sie, und haben deshalb darauf geachtet, daß wir regelmäßig in die Schule gingen. Bei den Hausaufgaben konnten sie uns nicht helfen. Ich hatte Freundinnen, mit denen ich zusammengearbeitet habe. Sie haben mir Mut gemacht weiterzulernen. Deshalb habe ich auch immer alle Prüfungen bestanden. Nun bin ich auf der Universität und habe sogar ein Stipendium für einen Deutschlandaufenthalt bekommen.

1. Suchen Sie bitte aus A1 alle Wörter heraus, die mit Bildung und Erziehung zusammenhängen!
2. Wer oder was war für die Entwicklung der drei Personen wichtig und warum?
3. Welche Faktoren spielen in Ihrem Land für die persönliche Entwicklung eine Rolle?
4. Welche haben für Sie persönlich eine Rolle gespielt, welche nicht?

Karriere **A3**

Präpositionen und Kasus (2): Genitiv

> Genitivpräpositionen: **anstatt, statt, während, wegen, trotz**
>
> Die Genitivpräpositionen werden manchmal auch mit dem Dativ gebraucht.

während, wegen, statt, trotz
Setzen Sie bitte die Präpositionen ein, und bilden Sie die Genitivformen!

1. _____ (seine Klugheit) sollte er die Universität besuchen.
2. Aber _____ (das Semester) ging er lieber ins Kino.
3. _____ (die Veranstaltungen) besuchte er Freunde.
4. _____ (seine Faulheit) durfte er am Ende nicht einmal eine Prüfung machen.
5. _____ (dieser Mißerfolg) wollte er sich einen interessanten Beruf suchen.
6. _____ (die Ferien) hatte er eine gute Idee.
7. _____ (die Universität) besuchte er die Schauspielschule.

Kommentare **A4**

Alli Alga und die deutsche Assistentin Susanne Böhlmann kommentieren die Interviews.

AA: Hallo, Susanne! Hast du gestern die Sendung gehört, in der Leute aus aller Welt über ihre Schulerfahrungen und ihre Erziehung berichtet haben? Das fand ich insgesamt recht informativ.

SB: Ja. Da kam alles vor vom Kindergarten bis zur Hochschule.

AA: Also die Französin mit ihrer Betonung des guten Benehmens – das fand ich ziemlich übertrieben.

SB: Ich halte das für ganz vernünftig. Heute spielen Umgangsformen ja auch bei uns in der Bundesrepublik wieder eine große Rolle, wenn man Erfolg im Beruf haben will.

AA: Na ja. Ich weiß nicht, ob man das so sehen soll. Aber was sagst du zu dem Japaner? Der fand das alles ganz normal mit dem Prüfungsstreß und so. Diese Art von Schulsystem kann ich mir bei uns nicht vorstellen.

Kommentieren Sie bitte die Beispiele aus der Radiosendung!

SB: Ich auch nicht. Aber wir leben ja auch nicht in Japan.

B1 Das Bildungssystem in der Bundesrepublik Deutschland

 Ergänzen Sie bitte die fehlenden Schulbezeichnungen!

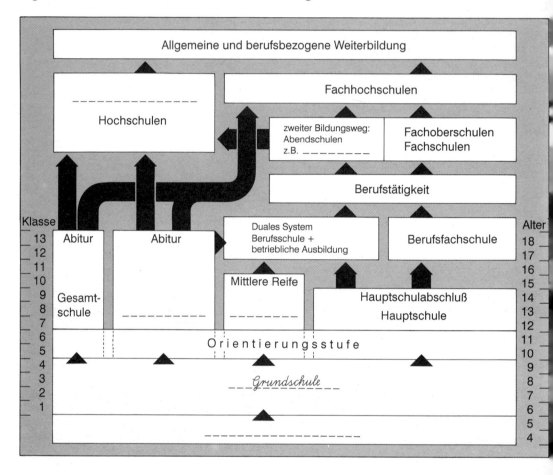

Allgemeine und berufsbezogene Weiterbildung					

Fachhochschulen

_ _ _ _ _ _ _ _ _ _ _ _ _

Hochschulen

zweiter Bildungsweg:
Abendschulen
z.B. _ _ _ _ _ _ _ _

Fachoberschulen
Fachschulen

Berufstätigkeit

Klasse					Alter
13	Abitur	Abitur	Duales System Berufsschule + betriebliche Ausbildung	Berufsfachschule	18
12					17
11					16
10			Mittlere Reife		15
9	Gesamt-			Hauptschulabschluß	14
8	schule	_ _ _ _ _ _ _ _ _	_ _ _ _ _ _ _	Hauptschule	13
7					12
6			Orientierungsstufe		11
5					10
4					9
3			_ _ _ Grundschule _ _ _		8
2					7
1					6
			_ _ _ _ _ _ _ _ _ _ _ _ _ _ _ _ _ _		5
					4

Das Bildungssystem in der Bundesrepublik Deutschland gliedert sich vom Kindergarten bis zur Universität in fünf verschiedene Abschnitte. Es ist ziemlich kompliziert und nicht einheitlich, weil der Bildungsbereich Aufgabe der Bundesländer ist und nicht zentral geregelt wird.

Die allgemeine Schulpflicht beginnt mit sechs Jahren. Alle Kinder gehen in die Grundschule, die die Klassen 1 bis 4 umfaßt. Nach diesen vier Jahren wechseln die Schüler entweder auf die Hauptschule, die Realschule oder das Gymnasium.

Wer die Realschule erfolgreich beendet, erhält das Zeugnis der mittleren Reife. Wer das Gymnasium mit dem Abitur abschließt, kann die Universität oder eine andere Hochschule besuchen. Für das Studium besteht in vielen Fächern (z. B. Medizin und Chemie) eine Zulassungsbeschränkung, der Numerus clausus, d. h. man darf diese Fächer nur studieren, wenn man einen bestimmten Notendurchschnitt erreicht hat. In einigen Bundesländern gibt es neben dem traditionellen dreigliedrigen Schulsystem die Gesamtschule als Alternative. In ihr werden alle Schüler gemeinsam unterrichtet. Das Ziel dieser Schulform ist eine größere Chancengleichheit.

Die berufliche Ausbildung findet in einem dualen System statt: Neben einer zwei- bis dreijährigen Lehre in einem Ausbildungsbetrieb besuchen die Auszubildenden (Lehrlinge) eine Berufsschule. Einige Berufe kann man auch an besonderen Berufsfachschulen erlernen.

Über den sogenannten Zweiten Bildungsweg (z. B. Abendgymnasium) können

Erwachsene während oder nach einer Berufstätigkeit die verschiedenen Schulabschlüsse nachmachen, um ihre berufliche Qualifikation und damit ihre Berufschancen zu verbessern.

Daneben veranstaltet das Arbeitsamt Umschulungskurse für Arbeitslose, die in ihrem Beruf keine Stelle finden.

Für ausländische Studienanfänger ist der Zugang zu deutschen Hochschulen und Universitäten nicht ganz einfach: Nur in wenigen Fällen werden ausländische Schulabschlüsse in der Bundesrepublik anerkannt. In den meisten Fällen müssen ausländische Studienbewerber ein sogenanntes Studienkolleg besuchen und dort eine Prüfung ablegen, die dem Abitur entspricht.

Aufgaben

1. Wie viele Schuljahre umfassen die verschiedenen Schultypen?
2. Was bedeutet Numerus clausus?
3. Die Bundesrepublik ist bekannt für ihr berufliches Ausbildungssystem. Was ist das Besondere daran?
4. Im Text werden zwei Schulabschlüsse genannt. Für welche Schultypen gelten sie?
5. Was sagt der Text über ausländische Studienanfänger?

1

2

3

4

6. Welches Bild paßt zu welcher Schulart?

4.

B 2 Aus dem Leben von Christa Pereira

1. Lesen Sie bitte den folgenden ausführlichen Lebenslauf!
2. Hören Sie bitte, was Christa Pereira auf einer Party aus ihrem Leben erzählt!
3. Ergänzen Sie bitte den Lebenslauf durch Informationen aus B 1 und aus den Aussagen, die Christa Pereira auf der Party macht!

Christa Pereira
Berliner Straße 7
4600 Dortmund 1

Lebenslauf

Ich, Christa Pereira, geb. Sketing, wurde am 26.04.1952 in Essen geboren.
Mein Vater, Ewald Sketing, war Arbeiter in einem großen Stahlwerk, meine Mutter, Karla, geb. Hansen, ist Hausfrau.
In Essen besuchte ich zehn Jahre lang die _____ und die _____. Nach der _____ (1968) begann ich eine _____ als Zahntechnikerin. Diesen Beruf übte ich bis 1977 aus.
Danach besuchte ich auf dem _____ das Abendgymnasium. 1978 machte ich dort das _____. Im selben Jahr begann ich mit dem _____ der Germanistik und der Geschichte an der Ruhr-Universität Bochum.
Seit 1980 bin ich mit Miguel Pereira verheiratet und habe zwei Töchter.
1987 versuchte ich wieder, in meinen _____ zurückzukehren. Da ich keine Stelle als _____ fand, absolvierte ich einen zweimonatigen _____ in Elektronischer Datenverarbeitung.

Dortmund, den 26.10.1987

B 3 Tabellarischer Lebenslauf

Ergänzen Sie bitte den tabellarischen Lebenslauf von Christa Pereira!

Christa Pereira
Berliner Straße 7
4600 Dortmund 1

Lebenslauf

26.04.1952	geboren in Essen als zweite Tochter von Ewald Sketing und Karla Sketing, geb. Hansen.
1958–1962	Besuch der Cranach-_____ in Essen.
1962–1968	Besuch der Albert-Einstein-_____ in Essen. Abschluß: _____
1968–1971	_____ als Zahntechnikerin im Zahnlabor Jungblut, Essen.
1971–1977	Arbeit als _____ beim Zahnlabor Müller & Co., Bochum.
1975–1978	Besuch des *Abendgymnasiums* Abschluß: _____
1978–1983	Studium der _____ und der _____ an der Ruhr-Universität Bochum.
1980	_____ mit Miguel Pereira.
1980	Geburt meiner _____.
1982	Geburt meiner _____ Tochter.
1987	_____ in Elektronischer Datenverarbeitung beim Arbeitsamt Bochum.

Dortmund, den 26.10.1987

Lebenslauf ist nicht gleich Lebenslauf   B 4

Vergleichen Sie bitte die Lebensläufe von B 2 und B 3 und
die Erzählung von Christa Pereira auf der Party!
Hören Sie dazu noch einmal B 2!

1. Wo steht was?

	tabellarischer Lebenslauf	ausführlicher Lebenslauf	erzähltes Leben
Name der Eltern	X	X	
Beruf des Vaters			
Geschwister			
Schulabschluß			
Ausbildung			
Beruf			
Universität			
Familienstand			
Kinder			
Ausland			

2. Welche sprachlichen Unterschiede fallen Ihnen an den drei Texten auf? Achten Sie bitte
   besonders auf Tempus (Präsens, Präteritum, Perfekt), Satzverknüpfungen, Wieder-
   holungen, Partikeln, Sprache (neutral, Umgangssprache)!

tabellarischer Lebenslauf   _____

ausführlicher Lebenslauf   *ganze Sätze* _____

erzähltes Leben   _____

Auskunft zur Person   B 5

Schreiben Sie bitte einen kurzen tabellarischen
Lebenslauf (Schulausbildung und Beruf)!

Schulsystem in Ihrem Land   B 6

Stellen Sie bitte für Deutsche Ihr eigenes Schulsystem vor!
Machen Sie eine Graphik! Vergleichen Sie bitte die Schulabschlüsse und die Dauer des Schulbesuchs!

C1 In der Bibliothek

   ○ Wissen Sie, wo das Buch „Wilhelm Meister" von Goethe steht?

   ● Nein, das weiß ich leider nicht. Aber der Herr dort mit der Brille, der kennt hier jedes Buch. Den können Sie ja mal fragen.

   ○ Kennst du das Land, wo die Zitronen blühn?

   ● Italien? Nein, aber ich kann Italienisch.

   ○ Weißt du noch, wie das damals war? – Ich kannte noch nicht einmal deinen Namen, aber als ich sah, welche Bücher du liest, da wußte ich es genau: Du und ich ...

   ● Na, ich weiß nicht, ob du dich da richtig erinnerst.

wissen + Nebensatz

wissen + indefinites Pronomen
kennen + Nominalgruppe
können + Infinitiv

können + Nominalgruppe

Übersetzen Sie bitte in Ihre Muttersprache! Was ist ähnlich? Was ist verschieden?

wissen – kennen – können

Vollverb

(Wissen) Sie, ⟨wo das Buch steht⟩?
        wissen + ⟨Ergänzung = Nebensatz⟩
⟨Das⟩ (weiß) ich nicht.
        wissen + ⟨Akkusativergänzung = Indefinite Pronomen (das, es, viel usw.)⟩
(Kennst) du ⟨das Land⟩?
        kennen + ⟨Akkusativergänzung = Nominalgruppe oder Pronomen⟩
Ich (kann) ⟨Italienisch⟩.
        können + ⟨Akkusativergänzung = Nominalgruppe oder Pronomen
                 (Fähigkeit)⟩

Modalverb

Sie (können) ihn (fragen).
        können + Infinitiv

Bei 'Sie können **ihn** fragen' steht doch auch eine Akkusativergänzung.

Die gehört zu 'fragen'.

C2 Was paßt zusammen?

Können Sie...

Wissen Sie...

Kennen Sie...

Fremdsprachen?
Albert Einstein?
, wie spät es ist?
Ballett tanzen?
, ob Familie Klinger noch kommt?
eine gute Zeitung?
, wann der nächste Bus fährt?
Fremdsprachen?

Kennen oder wissen? C 3

Ergänzen Sie bitte!

Mignon
Kennst du das Land,
wo die Zitronen blühn,
Im dunkeln Laub
die Goldorangen glühn,
Ein sanfter Wind
vom blauen Himmel weht,
Die Myrte still
und hoch der Lorbeer steht.
Kennst du es wohl?
Dahin! Dahin
Möcht ich mit dir,
o mein Geliebter ziehn!

Johann Wolfgang von Goethe

○ _____ du das Land, wo die Zitronen blühn?
● Nein, wo liegt das?
○ Was? Das _____ du nicht? Dann _____ du sicher auch nicht, von wem das Gedicht ist!
● Nein.
○ Und dann _____ du bestimmt auch nicht, daß unser Institut seinen Namen von diesem Dichter hat!
● Nein, das _____ ich alles nicht. Aber _____ du, wie spät es ist?
○ Nein.
● Na, dann _____ du auch nicht, daß der letzte Bus in die Stadt gerade abgefahren ist.
○ Na und?
● Ach, nichts weiter. Ich hatte nur zwei Karten fürs Theater. Dort liest eine bekannte Schauspielerin aus Goethes Roman „Wilhelm Meister". Aber den _____ du sicher nicht.

Kennen oder können?

○ _____ du Christa Pereira?
● Nein, aber ich _____ ihren Mann.
○ Ach. Den _____ ich auch. Der ist Ausländer, aber er _____ sehr gut Deutsch.
● Kein Wunder, daß er das so gut _____. Er lebt seit zehn Jahren in der Bundesrepublik.
○ Jetzt gehen sie nach Brasilien. Das wird sehr schwierig für sie, denn sie _____ kein Portugiesisch.

Wissen oder können? C 4

Ergänzen Sie bitte!

○ _____ Sie, was ZBW bedeutet?
● Nein, das _____ ich Ihnen leider nicht sagen. Aber Sie _____ ja mal im Lexikon nachsehen. Ich _____, wo die Lexika in der Bibliothek stehen.
○ Vielen Dank. Ich _____ nicht, ob es notwendig ist. Denn so wichtig ist die Frage nicht.
● Wir _____ auch die Dame an der Information fragen, vielleicht _____ sie uns helfen.

Wissen, kennen oder können? C 5

Ergänzen Sie bitte!

1. ○ _____ Sie, wer dieses Buch geschrieben hat?
   ● Ja, den _____ ich gut.
   ○ Persönlich?
   ● Ja, warum?
   ○ Oh, das trifft sich gut. _____ Sie mich ihm vorstellen? Ich wollte mich schon lange mal mit ihm unterhalten.
2. ○ Den jungen Mann da in der Ecke _____ ich nicht.
   ● Alli Alga? Natürlich mußt du den _____. Den hab ich dir auf meiner Geburtstagsparty persönlich vorgestellt. Das _____ ich noch ganz genau.
3. ○ _____ Sie den da mit der Brille? Der redet immer so gebildet.
   ● Ach der, ja den _____ ich. Das ist jemand, der viel _____, aber wenig _____.

D1 Funktionale Analphabeten

Niemand wollte es glauben, aber es ging durch alle Medien: Über eine Million funktionale Analphabeten gebe es in der Bundesrepublik, hieß es. Unsere Redaktion ließ Passanten im ganzen Bundesgebiet nach ihrer Meinung befragen. Hier sind die Reaktionen:

Heidi Salchow aus Meppen meinte kritisch, das sei unmöglich; die Bundesrepublik wäre schließlich ein hochentwickeltes Land. Ein Professor an einer Fachhochschule in Norddeutschland, der seinen Namen nicht nennen wollte, sagte unserem Reporter: „Ich vermute, daß diese Zahlen einfach erfunden sind." Gisela Lieberwein, Hausfrau in Westberlin,

meinte zu unserem Reporter, daß es so etwas vielleicht in Afrika gebe, aber nicht bei uns. Die Studentin Sabine Walper lachte unseren Reporter aus. Sie glaube nur an Statistiken, die sie selber fälsche.

Aber nicht alle Befragten wehrten ab. Eine sehr interessante Antwort kam von dem 20jährigen türkischen Pädagogik-Studenten Gür-

büz Can aus Dortmund. Funktionales Analphabetentum könne man nicht mit natürlichem Analphabetentum gleichsetzen, erklärte er unserem Reporter. Die UNESCO habe eine Definition von funktionalem Analphabetentum gegeben. Danach wären funktionale Analphabeten zwar in der Lage, einfache Sätze zu lesen und zu schreiben, aber ansonsten hätten sie Schwierigkeiten. Sie würden z.B. kein Formular ausfüllen und kein Telefonbuch benutzen können. Sie seien auch nicht fähig, eine Anzeige in der Zeitung zu lesen. Demgegenüber könne ein natürlicher Analphabet überhaupt nicht oder höchstens seinen Namen schreiben. Die große Zahl der Analphabeten bei uns wird von Axel Tolopp, dem Leiter der Volkshochschule in Castrop-Rauxel, bestätigt. Jedes Jahr sehe er immer mehr Erwachsene in den Schreib- und Lesekursen seines Instituts, berichtete er unserer Zeitung.

Aufgaben

1. Was ist funktionales, was natürliches Analphabetentum? Notieren Sie bitte die Informationen aus dem Text in Stichworten!
2. Die befragten Personen reagieren unterschiedlich auf den Bericht der Medien.
   a) Wer wehrt ab mit welchen Argumenten?
   b) Wer erklärt? Wie?
   c) Wer bestätigt? Wie?
3. Welche Überschrift würden Sie für diesen Zeitungsbericht nehmen?

Eine Million deutsche Analphabeten?

Wissenschaftler: Analphabetismus und Armut gehören eng zusammen

Erwachsene lernen lesen und schreiben
250 Volkshochschulen bieten Alphabetisierungskurse an

Moderner Analphabetismus auf dem Vormarsch

Es geht um Menschen die nicht lesen und nicht schreiben könne

Analphabetismus – ein ständig wachsendes Problem

Indirekte Rede und Konjunktiv D 2

Indirekte Rede (1)

Er sagt: „Ich sehe das Problem."	direkt: Indikativ
Er sagt, daß er das Problem sieht.	indirekt: Indikativ
Er sagt, daß er das Problem sehe. Er glaubt, er sei klug. Sie sagt, daß er das falsch gesehen habe. Keiner könne das Problem sehen.	indirekt: Konjunktiv I
Er sagt, daß das unmöglich wäre. Sie meint, er hätte nicht recht. Sie würde nicht daran glauben.	indirekt: Konjunktiv II

Konjunktiv (2): Konjunktiv I

Wie der Infinitiv, nur ohne –n!

3. Pers. Sg. er/es/sie sehe, frage, wisse, könne

Konjunktiv (3): sein   Konjunktiv (4): haben

Konjunktiv I	Konjunktiv II	Konjunktiv I	Konjunktiv II
ich sei	wäre	ich (habe)	hätte
du seiest	wärest	du habest	hättest
er sei	wäre	sie habe	hätte
wir seien	wären	wir (haben)	hätten
ihr seiet	wär(e)t	ihr habet	hättet
sie seien	wären	sie (haben)	hätten

Bericht über ein Gespräch D 3

Ergänzen Sie bitte die folgenden Verben im Konjunktiv I oder bei *haben* und *sein* den Konjunktiv II:
folgen – kennengelernt haben – beginnen – sein – ~~machen~~ – sein – haben – machen.

Beispiel: Silke erzählt ihrem Freund, daß sie jetzt auch einen EDV-Kurs _mache_ .

1. daß das ganze schwierig _____,
2. daß jeder Tag mit einer Stunde Theorie _____,
3. daß dann die praktische Arbeit _____,
4. daß diese Arbeit ihr viel mehr Spaß _____,
5. daß sie durch den Kurs viele Frauen in ihrem Alter _____.
6. daß doch alle dieselben Probleme _____,
7. daß alle zusammen ein ganz lustiger Klub _____ .

Liebe und Geld D 4

Indirekte Rede (2): Signale

Er sagt, daß er das Problem sehe.

Unterstreichen Sie bitte alle Signale für indirekte Rede!

Er sagte, daß er sie sehr nett findet.
Er sagte, daß er sie immer lieben würde.
Er sagte, er sei immer für sie da.
Außerdem wäre er sehr reich.
Sie nickte. Warum er das nicht gleich gesagt habe?

D 5 Ein neuer Anfang?

Formen Sie bitte die folgenden Sätze in direkte Rede um! Achten Sie dabei besonders auf die Personalpronomen!

Beispiel:
Er sagt, er habe Hunger. Er sagt: „Ich habe Hunger."
1. Sie sagte, sie habe keine Lust.
2. Er anwortete, das sei gut, er habe nämlich auch keine Lust mehr. Sie sagten lange nichts.
3. Sie beginne ein neues Leben ohne ihn, sagte sie nach einiger Zeit. Sie gehe an die Universität und fange an zu studieren.
4. Er habe schon lange vor, weniger zu arbeiten, antwortete er. Sie ging.

D 6 Welche Form steht in welchem Text?

1. Ordnen Sie bitte die Texte den Bildern zu!

A  B C  D

1 In einer Untersuchung wurde behauptet, daß es in der Bundesrepublik mehr als eine Million Arbeitslose gäbe. Andere Wissenschaftler haben aber darauf hingewiesen, daß diese Untersuchung problematisch sei.

Lösung: A → _____
B → _____
C → _____
D → _____

2 Und dann habe ich von Helmut gehört, daß sein neuer Nachbar noch nicht einmal ein Formular ausfüllen kann

3 Es wurde aber darauf hingewiesen, daß man funktionales Analphabetentum nicht mit natürlichem Analphabetentum gleichsetzen könne ...

4 ...und weißt du, was mir die Gerda erzählt hat? Die hat gesagt, daß der neue Nachbar noch nicht einmal seinen Namen schreiben kann. Kaum zu glauben. Und ...

2. Ergänzen Sie bitte!

Sprechen	Form: _____
Schreiben	Form: _____
Gebildetes Sprechen	Form: _____
Umgangssprachliches Schreiben	Form: _____

3. Was für Stilunterschiede beobachten Sie? Welche Formen passen zu welchen Texten?

4. Welche Formen der indirekten Rede würden Sie in den folgenden Situationen verwenden?

a) Sie halten einen Vortrag über die Erziehung der Deutschen. Sie fassen dabei einen Artikel aus einer Fachzeitschrift zusammen.

b) Sie haben mit der Mutter eines Freundes telefoniert. Jetzt berichten Sie ihm, was sie gesagt hat.

Sprechen Sie bitte nach! **Laute: Der Buchstabe c** ♪1

Regelfälle		Sonderformen
[ts] vor e und i (wie z!)	[k] vor a, o, u vor Konsonant	aus modernen Fremdsprachen
Centrum (auch Zentrum) circa	Café, circa Computer Cuxhaven Clubhaus	City [s] (englisch) Chef [ʃ] (französisch) Cello [tʃ] (italienisch)
	Chor	

Unterscheiden Sie bitte davon das c in der Buchstabenkombination ch:
Buch [x], Bücher [ç], sechs [ks] und sch: Schule [ʃ]!

Suchen Sie bitte weitere Wörter mit dem Anfangsbuchstaben c aus der alphabetischen Wortliste, und ordnen Sie sie nach ihrer Aussprache in die Tabelle von ♪1 ein! **Übung** ♪2

Laute: Gegenüberstellung ♪3

Sprechen Sie bitte nach!

[s]	[ts]	[st]
Pässe	Sätze	Paläste
Kurs	kurz	Wurst
los	Dozent	kosten
heiße	Ceylon	meist
bis	Hitze	Liste

Der Cottbusser Postkutscher putzt den Cottbusser Postkutschkasten. Den Cottbusser Postkutschkasten putzt der Cottbusser Postkutscher.

E1 „Nicht für die Schule, sondern für das Leben lernen wir."

Aufgaben

1. Lesen Sie bitte die Überschriften und die beiden Texte! Welche Überschrift paßt zu welchem Text?

	Brecht	Kafka
Kein Erfolg mit dem Radiergummi		
Schreckliche Schule		
Der Schulweg		
Eine Anekdote		
Die allmächtige Köchin		
Wie überlebt man die Schule?		
Ein paar Fehler zuviel		
Jeden Morgen Angst		
Zwei Möglichkeiten		

Der Schriftsteller Franz Kafka (1883 – 1924) besuchte von 1889 bis 1893 die Deutsche Knabenschule am Fleischmarkt in Prag. In einem Brief aus dem Jahre 1920 an seine Freundin Milena schildert er seine Angst auf dem Schulweg:

Bilder Kafka:
oben:
Briefmarke zum
100. Geburtstag 1983.
rechts: Paßfoto 1920.
unten:
Mit Schwester 1893.

„Unsere Köchin, eine kleine trockene, magere, spitznasige (Frau), ... aber fest, energisch und überlegen, führte mich jeden Morgen in die Schule. Da ging es ... über den Ring ... in die Fleischmarktgasse zum Fleischmarkt hinunter. Und nun wiederholte sich jeden Morgen das Gleiche wohl ein Jahr lang. Beim Aus-dem-Haus-Treten sagte die Köchin, sie werde dem Lehrer erzählen, wie unartig ich zuhause gewesen bin. Nun war ich ja wahrscheinlich nicht sehr unartig, aber doch trotzig, nichtsnutzig, traurig, böse ... Das wußte ich und nahm also die Drohung der Köchin nicht leicht. Doch glaubte ich zunächst, daß der Weg in die Schule ungeheuer lang sei, daß noch vieles geschehen könne ..., auch war ich sehr im Zweifel, ob die Köchin, die zwar Respektsperson, aber doch nur eine häusliche war, mit der Welt-Respekts-Person des Lehrers überhaupt zu sprechen wagen würde. Etwa in der Gegend des Eingangs der Fleischmarktgasse ... bekam die Furcht vor der Drohung das Übergewicht. Nun war die Schule schon an und für sich ein Schrecken, und jetzt wollte es mir die Köchin noch so erschweren. Ich fing an zu bitten, sie schüttelte den Kopf ..., ich blieb stehn und bat um Verzeihung, sie zog mich fort, ich drohte ihr mit Vergeltung durch die Eltern, sie lachte, h i e r war sie allmächtig ..., man hörte die Schulglocken, andere Kinder fingen zu laufen an ..., jetzt mußten auch wir laufen und immerfort die Überlegung: „sie wird es sagen, sie wird es nicht sagen" – nun: sie sagte es nicht, niemals, aber immer hatte sie die Möglichkeit.

Bilder Brecht:
rechts: Um 1930.
Mitte: 1904.
unten: Briefmarke zum
1. Todestag 1957.

Der Schriftsteller Bertolt Brecht (1898 bis
1956) besuchte von 1904 bis 1908 die Volksschule (Grundschule) in Augsburg. 1908
kam er auf das Gymnasium, wo er 1917 das
Abitur machte. Von seiner Schulzeit
berichtet folgende Anekdote:

Am Ende des neunten Schuljahres hing
die Versetzung bei Brecht und seinem
Freund Max von der letzten Klassenarbeit ab. Statt intensiv zu lernen, dachten
beide über einen bequemeren Ausweg
nach. In den Klassenarbeiten machten sie
dann natürlich viele Fehler. Max war ver-
zweifelt. Er radierte einige Fehler in seiner Lateinarbeit aus und ging dann zu
seinem Lehrer, um eine bessere Note zu
verlangen. Natürlich sah der Lehrer, daß
radiert worden war, und bestrafte Max
mit einer Ohrfeige. „So geht das nicht",
erkannte Brecht. Er strich in seiner Französischarbeit zwei Fehler mehr an und
fragte dann seinen Lehrer, was denn da
falsch sei. „Das ist kein Fehler", mußte
der Lehrer zugeben, ohne den Trick zu
durchschauen. Brecht bekam die bessere
Note …

2. Lesen Sie bitte die beiden Texte noch einmal!
   a) Notieren Sie bitte zuerst die Hauptinformationen des
      Textes in Stichworten!
   b) Passen die Überschriften zu den Hauptinformationen?
   c) Welche Überschriften gefallen Ihnen, welche nicht?
      Warum? Diskutieren Sie bitte!

Genaues Lesen   E 2

1. Lesen Sie bitte den Kafka-Text noch einmal!
   Diskutieren Sie dann seinen Inhalt:
   a) Wovor hat Kafka Angst?
   b) Welche Respektspersonen nennt Kafka?
   c) Welche sind wo am mächtigsten?
   d) Welche Respektspersonen gibt/gab es in Ihrem
      Leben?
   e) Welche finden/fanden Sie positiv/negativ?

2. Lesen Sie bitte die Brecht-Anekdote noch einmal!
   Diskutieren Sie dann ihren Inhalt:
   a) Wie sehen Sie das Verhalten des Lehrers und der
      Schüler?
   b) Was meinen Sie, warum verhalten sich die Schüler so?
   c) Ist ein solches Verhalten bei Ihnen möglich?
      Warum? Warum nicht?

3. In Deutschland wird den Schülern häufig gesagt:
   „Nicht für die Schule, sondern für das Leben lernen wir."
   a) Paßt dieser Satz zu dem Verhalten der Personen im
      Text?
   b) Gilt dieser Satz für Sie?

4. Der Schriftsteller Heinrich Böll (1917–1985) hat zu
   diesem Satz einmal gesagt: „Vielleicht lernen wir nicht
   auf der Schule, aber auf dem Schulweg fürs Leben?"
   Was meinen Sie dazu?

F Bewerbung

Aufgaben

1. Lesen Sie bitte das folgende Bewerbungs-schreiben von Molli Moto aus Lilaland und das Formular A!
2. Schreiben Sie bitte alle Informationen aus dem Brief heraus, die in das Formular A passen!
3. Schreiben Sie bitte Ihre persönlichen Angaben auf, die Sie zum Ausfüllen des Formulars A brauchen!

Molli Moto
Violettstr. 13
Li 1000 Lilastadt

An die
Botschaft der Bundesrepublik Deutschland
1000 Lilastadt

Lilastadt, 12.08.1988

Bewerbung für ein Stipendium

Sehr geehrte Damen und Herren,

hiermit möchte ich mich um ein Stipendium für einen viermonatigen Deutschkurs für Fortge-schrittene (Intensivkurs) bewerben.
Ich bin Chemieingenieur mit Berufserfahrung und möchte an der Technischen Hochschule Hannover promovieren. Dazu sind gute bis sehr gute Deutschkenntnisse erforderlich. Ich habe von 1982–1984 einen Sprachkurs besucht und das Zertifikat Deutsch als Fremdsprache mit "gut" bestanden. Weitere Angaben zu meiner Person entnehmen Sie bitte dem ausgefüllten Formular A und den übrigen Anlagen.

In der Hoffnung auf eine positive Nachricht von Ihnen verbleibe ich

mit freundlichen Grüßen

Anlagen: Formular A
         Lebenslauf
         Zeugnisse
         ärztliches Attest

FORMULAR A

Paßfoto

Familienname:
Vorname:
Geburtsdatum:
Nationalität:
Beruf:
Geschlecht: männlich ☐ weiblich ☐ Familienstand: _____
          Religion: _____ Zahl der Kinder: _____
genaue Heimatadresse: _____

Muttersprache: _____
Fremdsprachenkenntnisse:

	gut	mittel	gering

Bisheriger Deutschunterricht	von	bis	Ort	Stufe	Zeugnisse

Schulbesuch (tabellarisch)	von	bis	Art der Schule/Hochschule

Berufliche Tätigkeit	von	bis	Branche/Firma	Funktion

Gewünschte Art der Aus-/ Fortbildung	von	bis	Ort/Institution/Firma

Begründung des Stipendienantrags:

Referenzen: _____ Ort/Datum: _____
_____ Unterschrift: _____

Lektion **5**

A1 Aus der Arbeit einer Übersetzerin (1)

Dolmetschen vor Gericht

Stella-Maria Anwar arbeitet seit mehreren Jahren als freiberufliche Diplomübersetzerin für Arabisch. Ihr Alltag ist abwechslungsreich. Unter anderem ist sie als Gerichtsdolmetscherin zugelassen. Während der Gerichtsverhandlungen bemüht sie sich, die Aussagen Wort für Wort und Satz für Satz so zu übersetzen, daß sie nicht nur ihren Sinn, sondern auch die feinste Nuance trifft. Frau Anwar sagt zu ihrer Tätigkeit:

Arabischer Fachübersetzungs- und Dolmetscherdienst

Dr. Samir Anwar
öffentlich bestellter und beeidigter Urkundenübersetzer
der arabischen und englischen Sprache

allg. beeidigter Verhandlungsdolmetscher
der arabischen Sprache

Eberhardstraße 5 (Schwabenzentrum)
Postfach 82 · 7000 Stuttgart 1 · Telefon 0711/235027

„Ich habe oft Angst, etwas nicht genau zum Ausdruck zu bringen. Da stehen meistens Leute vor Gericht, die von der Rechtssprache keine Ahnung haben. Hinzu kommt, daß zwei verschiedene Arten von Gesetz und Rechtsempfindungen aufeinandertreffen. Da muß ich dann erklären und immer wieder erklären. Ich trage ja eine große Verantwortung. Davon, wie ich etwas übersetze, kann es eventuell abhängen, ob ein Angeklagter verurteilt wird."

A2 Fachsprache Recht

1. Welche Wörter aus der Fachsprache Recht kommen im Text vor?

2. Suchen Sie bitte das passende Wort im Text!
   Beispiel: Regeln für Recht und Unrecht → Gesetz
   a) jemand, der vor Gericht steht
   b) Fachsprache in den Texten der Gesetze und vor Gericht
   c) Gefühl für Recht und Unrecht
   d) eine Frau, die vor Gericht Aussagen von einer Sprache in die andere übersetzt

3. Bilden Sie bitte weitere Ausdrücke mit Hilfe der Wortkarussells, und übersetzen Sie sie in Ihre Muttersprache!
   Beispiele: das Rechtsempfinden, der Richter

4. Warum trägt ein Gerichtsdolmetscher eine besondere Verantwortung?

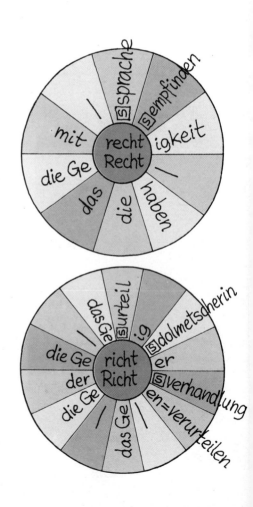

Aus der Arbeit einer Übersetzerin (2) A 3

Übersetzung eines Werbetextes

Frau Anwar ist mit einem Ägypter verheiratet, einem promovierten Chemiker. Er hilft ihr bei der Endfassung der Übersetzungen ins Arabische und bei der Übersetzung von naturwissenschaftlichen Texten. Frau Anwar übersetzt Texte aller Art, dabei gibt es immer wieder Schwierigkeiten, zum Beispiel beim Übersetzen eines Werbetextes. Frau Anwar:

„Bei einer Eiscreme-Werbung, die ich für eine deutsche Firma in Ägypten machen sollte, ging es im Originaltext um Kaffeelikör. Die Schwierigkeit lag hier bei der Übersetzung des Wortes *Likör*, das im Arabischen keine optimale Entsprechung hat. Die Übersetzungen in den Wörterbüchern klingen zu sehr nach hochprozentigem Alkohol, was für die meisten Moslems eher abstoßend wirkt. Um die Werbewirkung zu erhalten, mußte ich ein Wort finden, das Alkohol in einer sehr milden Form andeutet. Nach langer Diskussion mit Bekannten aus Ägypten und aus dem Irak habe ich mich für eine Umschreibung entschieden. Sie bedeutet soviel wie *der Geist des Kaffees.*
Oder nehmen Sie ein anderes Beispiel: Wenn man bei der Werbung für eine Hautcreme sagt, daß sie schön braun macht, dann wirkt das im arabischen Raum sehr komisch.“

Zwei Zusammenfassungen A 4

Die Texte a) und b) sind zwei sehr kurze Zusammenfassungen von A 3.
Welche ist richtig?

a) Bei der Übersetzung des Wortes *Likör* für eine arabische Werbung kommt es zu Schwierigkeiten, weil Kaffeelikör-Eis zuviel Alkohol enthält. Darum schreibt die Übersetzerin, daß im Eis wenig Alkohol ist.

b) Bei der Übersetzung eines Werbetextes kommt es zu Schwierigkeiten. Eine direkte Übersetzung von *Likör* klingt nach zu starkem Alkohol. Das ist nicht gut für die Werbewirkung. Deshalb verwendet die Übersetzerin eine Umschreibung.

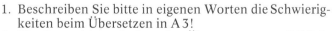

Aufgaben A 5

1. Beschreiben Sie bitte in eigenen Worten die Schwierigkeiten beim Übersetzen in A 3!
2. Was ist problematisch an der Übersetzung von *Likör*?
3. Gibt es bei Ihnen Werbung, die Ihrer Meinung nach nicht zur Kultur Ihres Landes paßt? Beschreiben Sie bitte diese Werbung und erklären Sie, warum sie nicht paßt!

A 6 Aus der Arbeit einer Übersetzerin (3)

Private Texte

Liebe kennt keine Grenzen, sagt man. Aber auch beim
Übersetzen von Liebesbriefen gibt es Probleme. Für *Liebe*
gibt es viele verschiedene Wörter und sprachliche Bilder. Es
ist wichtig, daß man beim Übersetzen die feinsten Unterschiede beachtet. Frau Anwar sagt dazu:

> „Liebesbriefe übersetze ich gar nicht so selten – gerade
> gestern wieder: ein wunderschöner Brief; Arabisch ist
> ja eine so reiche Sprache. Wörtlich übersetzt hieß es in
> dem Brief zum Beispiel: ‚Ich fühle Dich in meinem
> ganzen Körper, in meinem Blut …‘ Aber wie überträgt
> man das so, daß es im Deutschen nicht kitschig klingt?
> Da muß man sehr, sehr vorsichtig sein."

A 7 Aufgaben

1. Was muß man nach Meinung von Frau Anwar beim
   Übersetzen von Liebesbriefen beachten?
2. Finden Sie, daß es reiche Sprachen gibt? Wenn ja,
   nennen Sie bitte Beispiele!
3. Finden Sie den Satz „Ich fühle Dich in meinem ganzen
   Körper, in meinem Blut" kitschig?
4. Gibt es in Ihrer Sprache eine Übersetzung für *kitschig*?
5. Übersetzen Sie bitte den folgenden Anfang eines
   deutschen Liebesbriefes so direkt wie möglich! Arbeiten
   Sie dabei in Gruppen, und benutzen Sie bitte ein
   Wörterbuch!
   Ist diese direkte Übersetzung für Sie ein Liebesbrief?

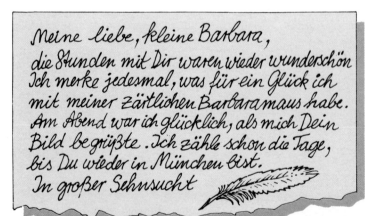

Meine liebe, kleine Barbara,
die Stunden mit Dir waren wieder wunderschön.
Ich merke jedesmal, was für ein Glück ich
mit meiner zärtlichen Barbaramaus habe.
Am Abend war ich glücklich, als mich Dein
Bild begrüßte. Ich zähle schon die Tage,
bis Du wieder in München bist.
In großer Sehnsucht

Maus ist im Deutschen ein Kosename.

HEYNE
BÜCHER

FERDINAND
v. LIEBENAU

LIEBES-
BRIEFE

*Anleitungen und
Anregungen für Briefe
von Herz zu Herz*

Ehe oder Beruf?   A 8

1. Schreiben Sie bitte die Sätze der folgenden Geschichte in die untenstehende Tabelle!

a) Silvia war früher 〈Dolmetscherin〉.	Nominalergänzung
b) Damals war sie selten 〈zu Hause〉.	Lokalergänzung
c) Denn sie mußte ständig 〈zu Kongressen〉 reisen.	Direktivergänzung
d) Da ist ihr Mann schließlich 〈ungeduldig〉 geworden.	Adjektivergänzung
e) Aber sie wollte nicht 〈auf ihren Beruf〉 verzichten.	Präpositionalergänzung
f) Deshalb ...	

Satzgliedstellung im Mittelfeld (2): Ergänzungen mit Rechtstendenz

	I	II	Mittelfeld				
		V/V$_1$	$_\leftarrow$E	a	E$_\rightarrow$		V$_2$
a) b) c) d) e)	Silvia	war		früher	Dolmetscherin		

Nominal-, Lokal-, Direktiv-, Adjektiv- und Präpositionalergänzungen haben Rechtstendenz (E$_\rightarrow$).

2. Schreiben Sie die Geschichte bitte weiter! Benutzen Sie dabei die folgenden Verben!

Beispiel: sich trennen von + Präpositionalergänzung
→ Deshalb hat sie sich von ihrem Mann getrennt.

a) auswandern nach	+ Direktivergänzung
b) leben in	+ Lokalergänzung
c) werden	+ Adjektivergänzung
d) (nicht) denken an	+ Präpositionalergänzung
e) werden/sein	+ Nominalergänzung

Kleine   A 9
Herausforderungen (1)

Übersetzen Sie bitte die Texte in Ihre Muttersprache! Achten Sie dabei auf das Wort *ganz*!

ganz: nicht kaputt
      sehr
      völlig
      ziemlich
      durchschnittlich

B1 Übersetzen als Beruf

Sehen Sie sich bitte die vier Bilder an, lesen Sie dann die vier Fragen, die Kurzbeschreibungen und die Definitionen!
Was gehört zusammen?

Bild				
Frage				
Kurzbeschreibung				
Definition				

a

Kindliche Fragen:

A Was macht denn die Frau da mit den vielen Wörterbüchern?
B Die Frau, die sich da immer etwas aufschreibt, wenn der Mann redet, und dann selbst was sagt, was macht die da?
C Warum haben die denn alle etwas im Ohr?
D Warum reden die beiden Männer da nie nacheinander? Warum redet die Frau immer dazwischen?

b

Kurzbeschreibungen:

I Es wird mit vielen Wörterbüchern gearbeitet.
II Ein Gespräch wird mit Hilfe einer weiteren Person geführt.
III Während eines Gesprächs werden Stichworte notiert; in den Sprechpausen wird übersetzt.
IV Es wird sofort übersetzt, was der Redner sagt.

c

d

1 *Konsekutivdolmetschen*

Gesprochenes wird erst dann übertragen, wenn der Redner einen größeren Abschnitt oder die ganze Rede beendet hat. Dolmetscher lernen dafür eine besondere Notizentechnik.

2 *Übersetzen*

Ein Text wird schriftlich in eine andere Sprache übertragen. Hilfsmittel wie Lexika stehen zur Verfügung. Dies lernen Übersetzer und Dolmetscher.

3 *Simultandolmetschen*

Fast gleichzeitig wird mit Hilfe einer elektroakustischen Anlage Gesprochenes in eine Fremdsprache übertragen. Dolmetscher brauchen dafür eine gewisse Begabung, gleichzeitig zu hören und zu sprechen.

4 *Verhandlungsdolmetschen*

Gesprochenes wird mündlich in eine andere Sprache übertragen, und zwar in kürzeren Abschnitten, bei schwierigen Fällen auch einmal Satz für Satz. Diese Form des Dometschens lernen in der Regel auch die Übersetzer.

Kleine Herausforderungen (2): Stille Post   B 2

Ein Kursteilnehmer sucht einen kurzen muttersprachlichen Text. Er gibt diesen einem anderen Kursteilnehmer, der ihn ins Deutsche übersetzt. Diese Übersetzung bekommt der nächste Kursteilnehmer. Er übersetzt den Text zurück in die Muttersprache, ohne den Text zu kennen, der am Anfang ausgesucht wurde. Der nächste übersetzt diesen Text wieder ins Deutsche usw.

C1 Keine Zeit

Satzgliedstellung (9): Negation (3): Satzverneinung

I	II	Mittelfeld			
Frau Anwar	ist		nicht	zufrieden.	
Leider	konnte	sie	nicht	ins Büro	gehen.
Um 5 Uhr	ist	sie	nicht	im Gericht	gewesen.
Deshalb	konnte	sie den Richter	nicht	über die Urkunden	informieren.
	V_1	$_\leftarrow$E	a	E$_\rightarrow$	V_2

Wenn der ganze Satz verneint wird, steht *nicht* zwischen $_\leftarrow$E und E$_\rightarrow$.

Verneinen Sie bitte!

Beispiel:
Flug nach Zürich →
Der Chef fliegt nicht
nach Zürich.

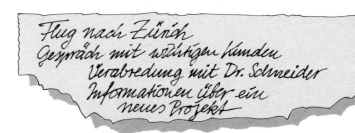

Flug nach Zürich
Gespräch mit wichtigen Kunden
Verabredung mit Dr. Schneider
Informationen über ein
neues Projekt

C2 Da stimmt nichts

Satzgliedstellung (10): Negation (4): Sonderverneinung

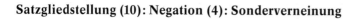

1. Sie hat die Urkunden nicht heute übersetzt.
2. Sie hat heute nicht die Urkunden übersetzt, ...
3. Nicht sie hat die Urkunden heute übersetzt, ...
4. Sie hat die Urkunden heute nicht übersetzt, sondern nur fotokopiert.

In der Sonderverneinung steht *nicht* links vor dem verneinten Satzglied.
Dieses Satzglied trägt den Satzakzent.

5. Sie hat die Urkunden heute nicht übersetzt, das war ihr Mann.

Das verneinte Satzglied kann auch auf Position I stehen.
Dann werden dieses Satzglied und *nicht* betont.

Verneinen Sie bitte die unterstrichenen Satzglieder, und markieren Sie die Satzmelodie!

Beispiel:
Frau Anwar hat heute die Urkunden übersetzt →
Nicht Frau Anwar hat heute die Urkunden übersetzt.
Frau Anwar hat nicht heute die Urkunden übersetzt.
Frau Anwar hat heute nicht die Urkunden übersetzt.

1. Der junge Mann hat die Kinder auf seiner Burg gefressen.
2. Der Drache ist ins Dorf gekommen.
3. Die Eltern der Kinder haben ihn begrüßt.
4. Sein Hahn hat den jungen Mann gefressen.
5. Dann hat der Drache im Dorf das Restaurant gekauft.
   Es heißt jetzt ....

① Über allen Gipfeln
Ist Ruh,
In allen Wipfeln
Spürest du
Kaum einen Hauch;
Die Vögelein schweigen im Walde.
Warte nur, balde
Ruhest du auch.

Johann Wolfgang von Goethe (1780)

② *Ein Gleiches*

Über allen Gipfeln
Ist Ruh,
In allen Wipfeln
Spürest du
Kaum einen Hauch;
Die Vögelein schweigen im Walde.
Warte nur, balde
Ruhest du auch.

Goethe

F. Wössner (um 1980)

Im Jahre 1902 wurde Goethes berühmtes Nachtgedicht ins Japanische übertragen. Neun Jahre später dachte ein Franzose, es handle sich um ein japanisches Originalgedicht. Er übersetzte es ins Französische. Schließlich wurde dieses Gedicht ins Deutsche zurückübersetzt und als 'Japanisches Nachtlied' in einer deutschen Zeitschrift veröffentlicht.

③ Stille ist im Pavillon aus Jade
Krähen fliegen stumm
zu beschneiten Kirschblüten
im Mondlicht.
Ich sitze
und weine.

Aufgaben

a) Suchen Sie bitte in dem Goethe-Gedicht Synonyme für folgende Ausdrücke: höchster Punkt eines Baumes – ruhig sein – leichter Wind – höchster Punkt eines Berges

b) Vergleichen Sie bitte 1 und 2! Welche Stimmungen werden vermittelt? Wodurch?

c) Vergleichen Sie bitte 1 und 3! Was ist Ihrer Meinung nach typisch japanisch?

d) Gibt das „japanische" Gedicht (in der deutschen Übersetzung) die Stimmung von Goethes Gedicht wieder?

e) Suchen Sie sich zu zweit oder zu dritt ein sehr kurzes Gedicht aus Ihrer Sprache, das Ihnen sehr gut gefällt. Versuchen Sie zwei Übersetzungen. Eine Wort-für-Wort-Übersetzung, die möglichst nahe an den Wörtern und der Form des Originals bleibt, und eine eher ‚freie' Übersetzung. Überlegen und diskutieren Sie danach: Was war einfach? Was war schwierig? Wo paßt Ihrer Meinung nach das Deutsche gut zu Ihrer Sprache, wo nicht?

E1 Übersetzen im Unterricht

Fünf Studenten aus mehreren Ländern diskutieren.

① Was ich vom Übersetzen halte? Entsetzlich. Da wird bei mir kein Satz richtig – nicht ein einziger! Selbst wenn ich dauernd im Wörterbuch nachschlage! Ich will doch kein Berufsdolmetscher werden! Ich will nicht ständig zwischen zwei Sprachen vergleichen, sondern ein Gefühl für die fremde Sprache bekommen.

② Zugegeben. Wir können noch nicht richtig übersetzen; aber ich halte das Übersetzen trotzdem für eine gute Übung. Nimm zum Beispiel Wörter wie *eben, ganz* oder *ihr*! Bei uns gibt es dafür nicht nur ein Wort, sondern zwei; in anderen Sprachen sogar noch mehr. Aber das merkt man meist erst beim Übersetzen.

③ Es wird noch lange dauern, bis wir nicht mehr üben müssen. Aber das Üben kann uns kein Mensch abnehmen. Man muß nur wissen, daß man eine Übung macht, und sonst nichts. Dann gibt das Übersetzen mehr Sicherheit im Umgang mit der fremden Sprache.

④ Aber deprimierend ist es doch. Selbst wenn man keine Grammatik- und Rechtschreibfehler mehr macht, gibt es immer noch die falschen Ausdrücke und das Problem mit dem Stil.

⑤ Na gut. Fehler gehören nun mal zum Lernen. Mich ärgert aber, daß die Übersetzungen im Examen so große Bedeutung haben. Bloß, weil sie angeblich objektiv sein sollen. Also, ohne Examensdruck würde das Übersetzen viel mehr Spaß machen.

Welche Argumente werden für und gegen das Übersetzen im Unterricht gebracht? Fallen Ihnen noch andere Argumente ein?

für	gegen

E2 Kein oder nicht?

Negation (5): kein oder nicht

Sie hatte einen Beruf.	Sie hatte keinen Beruf.	hier muß man **kein** benutzen	
Sie hat Glück.	Sie hat kein Glück.		
Er ist Student.	Er ist kein Student. Er ist nicht Student.	hier kann man **kein**	ohne Bedeutungsunterschied
Im Garten blüht eine Blume.	Im Garten blüht keine Blume. Im Garten blüht nicht eine einzige Blume.	oder **nicht** benutzen	mit Bedeutungsunterschied

Widersprechen   E 3

Widersprechen Sie bitte den Argumenten!

Beispiel:
- ⊝ Beim Übersetzen macht man Fehler.
- ⬤ Beim Übersetzen macht man keine Fehler.

1. Übersetzen ist eine gute Übung.
2. Übersetzen gibt Sicherheit im Umgang mit der fremden Sprache.
3. Man versteht jedes Wort des übersetzten Textes.
4. Schüler haben Lust zu übersetzen.
5. Beim Übersetzen gibt es immer nur eine Lösung.
6. Um übersetzen zu können, muß man Berufsdolmetscher sein.
7. Für den Anfänger ist Übersetzen eine zu schwere Übung.
8. Jeder, aber auch jeder Satz wird falsch.

Erfahrungen und Meinungen   E 4

1. Welche Rolle spielen Übersetzungen bei Ihnen im Unterricht?
2. Was halten Sie von Übersetzungen?
3. Soll man nur aus der fremden Sprache in die eigene Sprache übersetzen oder auch aus der eigenen in die fremde?

Verneinen – ablehnen – widersprechen   E 5

Negation (6): Adverbien

noch (lesen)	nicht mehr
noch (ein Buch)	kein ... mehr
schon	noch nicht
sogar (schon)	nicht einmal

Ergänzen Sie bitte!

1. A: Du mußt _____ arbeiten.
   B: Ich will aber _____ arbeiten.
2. A: Hast du _____ deine Hausaufgaben gemacht?
   B: Die habe ich _____ gemacht.
   A: O je. Ich habe meine Hausaufgaben _____ gestern gemacht, und ich habe _____ zwei Stunden dafür gebraucht.
3. A: Mach doch _____ eine Übung.
   B: Ich will aber _____ Übung _____ machen!

Kleine Herausforderungen (3): Übersetzerspiel   E 6

Ein Teilnehmer sagt für sich das Alphabet auf. Ein anderer ruft ‚Halt‘. Der erste sagt, bei welchem Buchstaben er war, z. B. ‚F‘. Der Halt-Rufer sagt ein deutsches Wort mit ‚F‘. Wer als erster die Übersetzung findet, darf beim nächsten Mal ‚Halt‘ rufen und das neue deutsche Wort nennen.

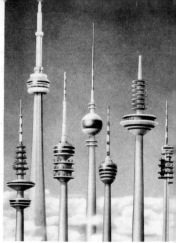

F 1 Der Turm in Babel

Stellen Sie bitte fest, welche Sätze das Gleiche (=), welche das Gegenteil (≠) bedeuten!

1. Die Spitze sollte bis in den Himmel reichen.
   Der Turm sollte so hoch werden wie der Himmel.

2. Gott verwirrte ihre Sprache.
   Gott brachte ihre Sprache in Ordnung.

3. Weil sie sich in verschiedenen Stockwerken ansiedelten, entwickelten sich die Sprachen auseinander.
   Die Bauleute begannen, in verschiedenen Stockwerken zu wohnen; deshalb entwickelten sich die Sprachen auseinander.

4. Das Werk war fast vollendet.
   Die Arbeit war fast fertig.

5. Die Menschen lebten einsprachig.
   Die Menschen hatten alle eine gemeinsame Sprache.

6. Die Menschen lebten einträchtig.
   Die Menschen verstanden sich nicht.

Warum sprechen die Menschen nicht eine Sprache? Warum gibt es so viele Sprachen? 5000 oder sogar noch mehr?

Diese Fragen haben die Menschheit schon immer interessiert. Viele Kulturen haben in ihren Mythen eine „Erklärung" dafür. Oft spielt dabei die Errichtung eines großen Turms eine Rolle.

In der Bibel hatte die ganze Welt am Anfang eine Sprache. Als die Kinder Noahs in Babylon einen Turm bauen wollten, dessen Spitze bis in den Himmel reichen sollte, strafte Gott ihren Hochmut, er zerstörte das Bauwerk und verwirrte ihre Sprache.

Rationaler als in der Bibel klingt die Geschichte in der Version der Chins in Indochina, obwohl sie starke Bezüge zur christlich-jüdischen Überlieferung zeigt. Die Menschen lebten zuerst in einem Dorf, mit einer Sprache. Da fanden sie es unbequem, daß der Mond nicht immer schien; um ihre Herden nachts besser bewachen zu können, wollten sie, daß er Tag und Nacht leuchtet, und bauten deshalb einen Turm zum Mond. Er wurde so hoch, daß die Bauleute sich in den verschiedenen Stockwerken ansiedelten und dort arbeiteten und lebten. Deshalb entwickelten sich ihre Sprachen auseinander. Als das Werk fast vollendet war, erzürnte der Geist im Mond und schickte einen Sturm. Die Bewohner des einstürzenden Turms blieben dort, wohin sie fielen. Daher haben die Völker verschiedene Sprachen.

Interessant als Vergleich ist eine Version, die ein Babylonier, also ein Mann aus der Stadt, in der sich der Turmbau zugetragen haben soll, um 280 v. Chr. für griechische Leser schrieb. Der Schöpfergott Bel baute mit den ersten Menschen zusammen das gewaltige Babylon und seinen riesigen Turm. Unter seiner Herrschaft lebten die Menschen einsprachig und einträchtig, bis ein neidischer Gott, der Erfinder der Schreibkunst, die Menschen trennte und sie verschiedene Sprachen lehrte.

Nach Arno Borst: Der Turmbau von Babel

Was steht wo? F 2

Lesen Sie bitte den Text „Der Turm in Babel" noch einmal!
Tragen Sie bitte die Buchstaben ein!

	Thema wird behandelt	Thema wird nicht behandelt
Bibel		
Chin		
Babylon		

a) Ein Gott und die Menschen haben den Turm gebaut.
b) Der Turm wurde gebaut, weil sich die Menschen das Leben leichter machen wollten.
c) Ein Gott hat die Sprache verwirrt.
d) Der Turm wurde zerstört.
e) Am Anfang sprachen alle Menschen nur eine Sprache, und am Ende gab es viele Sprachen.

Limerick G

Es lebte ein Übersetzer in Rüdesheim,
der baute seinem Computer ein schönes Heim.
Der Computer war sehr glücklich
und übersetzte augenblicklich
alles, was kam, mit dem feinsten Reim.

Nebensätze (10): Relativsatz (2)

Fremdwörter,	die **welche**	aus dem Englischen kommen	Beides kann man sagen
der Platz,	an dem **wo**	der Dolmetscher sitzt	
der Moment,	in dem **wo**	übersetzt wird	
Sie übersetzt alles,	**was**	gesagt wird.	Das muß man sagen

Bitte ergänzen Sie die Relativpronomen **wo, welche(r, s),
was**. Entscheiden Sie auch, wo sie durch *der, die, das* usw.
ersetzt werden können.

1. Beim Simultandolmetschen übersetzt der Dolmetscher sofort alles, _____ gesagt wird.
2. Hilfsmittel wie Lexika findet man bei der Art des Übersetzens, _____ in schriftlicher Form durchgeführt wird.
3. Konsekutivdolmetschen ist die Art des Dolmetschens, _____ Gesprochenes erst dann übersetzt wird, wenn der Redner längere Zeit gesprochen hat.

79

H1 Hund ist nicht Hund

Deutsch *Hund*, englisch *dog*, koreanisch *kae*: Begriffe, die etwas Konkretes bezeichnen, sind scheinbar problemlos mit einem Wort zu übersetzen. Doch die Assoziationen zu Hund in anderen Sprachen und Kulturen müssen nicht immer die gleichen sein wie im Deutschen. So ist für Deutsche der Hund ein treuer Gefährte des Menschen, für Koreaner ein Tier, das nicht ins Haus darf. Trotz der unterschiedlichen Assoziationen ist die Übersetzung von ,Hund' jedoch nicht besonders schwierig, wenn man sie mit anderen Übersetzungsproblemen vergleicht.

Sehr häufig ist das wörtliche Übersetzen unmöglich. Besonders dann, wenn es sich um Sprachen aus einer anderen Sprach-

familie oder aus einem anderen Kulturkreis handelt.

Eine direkte Übersetzung kann zu Mißverständnissen führen, wenn es um komplizierte Begriffe wie zum Beispiel *glauben* geht. So muß man *glauben* in der Vorstellung einer afrikanischen Sprachgruppe mit *das Wort nehmen und es aufessen* wiedergeben. Auch wird die Liebe den verschiedensten Körperteilen zugeordnet. In der Tzeltal-Sprache Südmexikos befindet sich die Liebe in *Gottes Herzen*, bei den Conobs in Guatemala sitzt die Liebe im Bauch, bei den Kabba-Lakas in Zentralafrika liebt man mit der Leber, und die Bewohner der Marshall-Inseln sprechen von einer *Gefühlsbewegung des Halses*.

Liebe geht durch den Magen.

Liebe im Herzen macht schnelle Füße.

H2 Aufgaben

1. Warum ist die Übersetzung von *Hund* relativ einfach?
2. Was assoziieren Sie mit *Hund* in Ihrer Muttersprache, in Ihrer Kultur?
3. Welches Problem wird im Text bei der Übersetzung von *glauben* beschrieben?

4. Wie heißt *glauben* in Ihrer Sprache und in den Sprachen, die Sie kennen?
5. In den verschiedenen Sprachen wird die Liebe unterschiedlichen Teilen des Körpers zugeordnet. Wie interpretieren Sie das?
6. Wo sitzt die Liebe in Ihrer Sprache?

H3 Negation (7): Präfix und Suffix

Präfix: unfreundlich/ungeliebt	→ un + Adjektiv/Partizip II
Suffix: problemlos	→ Nomen + los

1. Kennen Sie andere Adjektive mit un- oder -los? Können Sie neue bilden? Aber Vorsicht, vergleichen Sie mit dem Wörterbuch!

2. Formen Sie bitte um!

   Beispiele: unfreundlich ↔ nicht freundlich
   problemlos ↔ ohne Probleme
   ungefährlich – ohne Fehler – freudlos – unlösbar –
   nicht gewollt – ungeküßt – ohne Arbeit

H4 Projekt

Sammeln Sie bitte deutsche Wörter, die man nicht direkt in Ihre Sprache übersetzen kann, sondern umschreiben muß!

Heimat-land

REGIE: FRANZ ANTEL
EIN SASCHA-LUX-FARBFILM

NACH DER NOVELLE »KRAMBAMBULI« VON MARIA EBNER-ESCHENBACH

Heimatbahnhof
Han Emden

Heimat, süße Heimat

Das Parken ist nur Mietern der NEUEN HEIMAT NORD gestattet.
Nicht parkberechtigte Fahrzeuge werden kostenpflichtig abgeschleppt.

Alte Heimat Ostpreußen

8. bis 15. 5. 88, Preis DM 1695,–

Zum erstenmal ist es im Rahmen dieser Sonderflugreise für Sie möglich, eine der bekanntesten Städte Ostpreußens, Memel, zu besuchen. Zum Programm gehören ferner der Besuch von Polangen, Kaunas und Vilnius sowie die Besichtigung der Burg Trakaj. Ein weiterer Höhepunkt ist nicht zuletzt der Aufenthalt in Leningrad. Veranstalter: Hapag-Lloyd-Tours.
Informationen und Buchungen im Abendblatt-Reisebüro Telefon 347 41 71/72

A1 Heimat und Fremde

Norden, Süden, Osten, Westen – zu Hause ist's am besten.

Fremde Wörter aus aller Welt deutsch international

Fahr mit mir den Fluß hinunter in ein unbekanntes Land, denn dort wirst du Leute sehen, die bis heute unbekannt. Sie sind nett und freundlich, doch sie sehen etwas anders aus als die Leute, die du kennst bei dir zu Haus.
Knut Kiesewetter

... in den sieben Jahren meiner Pariser Emigration lebte ich wie die meisten Emigranten in einer Art Gettoexistenz ohne französische Kontakte. Damals fuhr ich fort, deutsch zu schreiben und zu denken.
Arthur Koestler

Hhm, Vaterland, aber Muttersprache.

Plötzlich fühle ich mich sehr allein. Jetzt merke ich erst, wie sehr ich an meiner Heimat hänge. Ich frage mich, warum ich unbedingt in dieses fremde Land gehen wollte. Alles ist so kalt hier. Ich habe Heimweh.

Begegnung

Die erste Nacht
im fremden Land
vor fremder Wand
im fremden Bett
Schlaflosigkeit
bemalt
weiß
die Nacht
in frühen Morgenstunden
kommt plötzlich
der Regen
kommt da jemand
aus der Heimat?
Kim Lan Thai

Fremde Sprachen öffnen eine neue Welt.

Fremd ist der Fremde nur in der Fremde
Karl Valentin

1. Was assoziieren Sie?

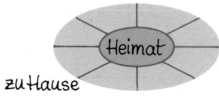

Heimat
zu Hause

Fremde
neue Kontakte
alle

2. Ordnen Sie bitte Ihre Assoziationen!

	positiv	negativ
Heimat		
Fremde		

Definitionen aus dem Lexikon A 2

1. Heimat: Ort, wo man zu Hause ist, Wohnort und Umgebung oder Geburtsort. Ursprungs-, Herkunftsland.

   Der große Brockhaus

2. Heimat: örtlich, kulturell und emotional bestimmter Lebensraum ...

   Aktuell – Das Lexikon der Gegenwart

3. Vaterland: Land, in dem man geboren und/oder aufgewachsen ist, Heimatland.

   Brockhaus Wahrig: Deutsches Wörterbuch

Aufgaben

a) Wie heißen die folgenden Wörter in Ihrer Sprache?

Ort _____	_____ Land
Geburtsort _____	_____ Ursprungsland
Wohnort _____	_____ Herkunftsland
Umgebung _____	_____ Lebensraum
zu Hause _____	_____ Vaterland

Heimat
_____

b) Wie unterscheiden sich die drei Lexikondefinitionen?

Was ist Heimat? Meinungen von Deutschen A 3

1. Dort, wo die Blumen blüh'n,
   dort, wo die Täler grün' –
   dort war ich einmal zu Hause.
   Wo ich die Liebste fand,
   da liegt mein Heimatland.
   Wie lang bin ich noch allein?

   Heimweh. Schlager 1955

2. Als Astronaut auf dem Mond sehe ich die Erdkugel als meine Heimat. Wenn ich in Amerika bin, ist Europa für mich meine Heimat. Wohne ich in einem anderen Land, ist es Deutschland. Wenn ich in Bayern lebe, ist es Nordrhein-Westfalen. Da ich in Dortmund wohne, ist „mein" Dorf eindeutig meine Heimat. Es ist das Dorf, in dem ich geboren und aufgewachsen bin. Es ist auch das Dorf, in dem meine Eltern leben, bei denen ich immer willkommen bin.

   Johannes-Georg Kallnik, Jahrgang 1958, Journalist

3. Heimat ist für mich der Ort, wo ich mich wohl fühle.

   Barbara, 23 Jahre alt, Studentin

4. Ich fühle mich nur durch die Sprache mit Deutschland verbunden und durch die Familie und meine Freunde. Es ist nicht wichtig für mich, ob ich zum Beispiel in Ägypten oder in Deutschland lebe. Ich brauche kein ‚Heimatland', um mich wohl zu fühlen.

   Kerstin, 16 Jahre alt, Schülerin

Aufgaben

a) Schreiben Sie bitte auf, was in den einzelnen Texten unter Heimat verstanden wird!
   Beispiel: 2. Ort, wo man geboren ist.

b) Was ist für Sie persönlich Heimat?

B1   Hilde Domin – Eine Sprachodyssee

„Deutschlands bedeutendste lebende
Lyrikerin":
So feierten die Zeitungen Hilde Domin 1987
zu ihrem 75. Geburtstag. Dichterin war sie
5 allerdings erst spät geworden – mit fast 40
Jahren. Ihre „zweite Geburt" hatte 1951
stattgefunden, nicht in Deutschland, aber in
der deutschen Sprache. Seit dieser Zeit
schreibt sie Gedichte.

10 Hilde Domin war 22 Jahre im Exil gewesen,
bevor sie 1954 nach Deutschland zurückkehrte. Ihr erster Gedichtband „Nur eine
Rose als Stütze" erschien 1959. Walter Jens
schrieb damals dazu: Mit der Rose sei die
15 deutsche Sprache gemeint, die der Halt in
den Jahren des Exils gewesen sei.

Die Sprachen waren auf Hilde Domins
langem Weg durch die Exilländer eine ständige Herausforderung gewesen. In Italien
20 brauchte sie Italienisch, um ihr Studium
abzuschließen. Dann verdiente sie sich
ihren Lebensunterhalt mit der Übersetzung
von wissenschaftlichen Texten. In England
wurde das Italienische zur Geheimsprache
25 mit ihrem Mann, wenn man sie nicht
verstehen sollte. Aber in Gegenwart von
Engländern sprachen sie Englisch, um nicht
aufzufallen.

Nachdem sie zwei Jahre lang in London
30 gelebt und an einem College Französisch
und Italienisch unterrichtet hatte, wechselte
sie noch einmal ihr Exilland. Von 1940 bis
1954 lebte sie in der Dominikanischen
Republik, also in einem spanischsprachigen
35 Land. 1948 wurde sie an der Universität von
Santo Domingo Dozentin für Deutsch.

Als junger Mensch hatte Hilde Domin sich
in Deutschland zu Hause gefühlt. Seit sie
angefangen hatte zu dichten, war die
40 Muttersprache für sie zur Heimat geworden,
aus der niemand sie mehr vertreiben
konnte: „Ich stand auf und ging heim in das
Wort. *Ich richtete mir ein Zimmer ein in der
Luft/unter den Akrobaten und Vögeln.* Von
45 wo ich unvertreibbar bin. Das Wort aber
war das deutsche Wort. Deswegen fuhr ich
zurück über das Meer, dahin, wo das Wort
lebt!"

Wo steht unser Mandelbaum

Ich liege
in deinen Armen, Liebster,
wie der Mandelkern in der Mandel.
Sag mir: wo steht
unser Mandelbaum?

…
Eine Rose ist eine Rose.
Aber ein Heim
ist kein Heim.

…
Meine Hand
greift nach einem Halt und findet
nur eine Rose als Stütze.

Aufgaben

1. Rekonstruieren Sie bitte den Text in
   einem tabellarischen Lebenslauf, soweit
   das möglich ist!

   Beispiel: 1912 Geburt

2. Diskutieren Sie bitte!

   Welche Informationen aus dem Text
   passen nicht in einen tabellarischen
   Lebenslauf? Sind sie für den Leser zum
   Verstehen des Lebens von Hilde Domin
   trotzdem wichtig?

Hilde Domin – Autobiographisches   B 2

Lesen Sie bitte die folgenden Zitate von Hilde Domin, und ordnen Sie sie den Zeilen im Text B 1 zu!

Worterklärungen:
so gut wie → fast; *Geheimcode* → Sprache, die keiner versteht, der nicht dazugehört; *sich untereinander um das Englische bemühen* → versuchen, die englische Sprache zu benutzen; *das war gefragt* → das wurde erwartet; *auf die Welt kommen* → geboren werden; *in der Tat* → tatsächlich

① Irgendwann war ich zu Hause, und auch gut zu Hause. Davon lebe ich das Leben lang. Das war in Köln, in der Riehler Straße.

② In England lebten wir dreisprachig. Italienisch war unser beider Privatsprache. Es war so gut wie ein Geheimcode. Mit den Eltern sprachen wir deutsch. Und im übrigen bemühten wir uns – auf der Straße auch untereinander, das war gefragt – um das Englische.

③ Ich, H. D., bin erstaunlich jung. Ich kam erst 1951 auf die Welt. Weinend, wie jeder in diese Welt kommt. Es war nicht in Deutschland, obwohl Deutsch meine Muttersprache ist.

Gedicht und Autobiographie   B 3

1. Lesen Sie bitte das Gedicht! Wie verstehen Sie es? Versuchen Sie bitte, den Inhalt mit eigenen Worten auszudrücken!

Exil

Der sterbende Mund
müht sich
um das richtige
Wort
einer fremden
Sprache

Hilde Domin

2. Lesen Sie jetzt bitte die folgenden Informationen zu dem Gedicht!

Hilde Domins Vater lebte und starb im Exil in England. Über sein Leben dort schreibt Hilde Domin unter anderem: „Er ... bemühte sich, ein fehlerfreies Englisch zu lernen. Nie kam er darüber hinweg, daß Worte vielerlei Bedeutung haben."
Und über seinen Tod berichtet sie, was ihr später erzählt wurde:
„Er soll sich bemüht haben, mit der Krankenschwester bis zur letzten Minute ein fehlerfreies Englisch zu sprechen. Dabei war er, bei aller Intelligenz, ganz unbegabt für Sprachen."

Welchen Sinn erhält das Gedicht für den Leser mit diesen Informationen? Muß man Ihrer Meinung nach diese Informationen kennen, um das Gedicht zu verstehen?

3. Gibt es in Ihrer Literatur Gedichte zum Thema Heimat, Fremde, Exil? Wenn ja, welche Ereignisse/Aspekte spielen in diesen Gedichten eine Rolle? Welche Symbole und Bilder kommen vor?

B 4 Vergangenheit

Plusquamperfekt (1) Vergleichen Sie bitte!

 Ergänzen Sie bitte!

Plusquamperfekt	Perfekt
Sie hatte studiert.	Sie hat studiert.
Sie war zurückgekehrt.	Sie ist zurückgekehrt.

Perfekt = Präsens	von haben/sein	+ Partizip II	
Plusquamperfekt = _____	von _____	+ _____	

Plusquamperfekt (2)

Mit dem Plusquamperfekt wird ein abgeschlossener Vorgang in der Vergangenheit ausgedrückt.

1954 kehrte sie nach Deutschland zurück.

Vorher <u>hatte</u> sie 22 Jahre lang im Exil <u>gelebt.</u>   im Hauptsatz

Nachdem sie 22 Jahre lang im Exil <u>gelebt hatte,</u>   im Nebensatz

kehrte sie 1954 nach Deutschland zurück.

B 5 Abgeschlossene Vorgänge in der Vergangenheit

1. Bilden Sie bitte Sätze, in denen der abgeschlossene Vorgang im Nebensatz steht! Folgen Sie den schwarzen Pfeilen von oben nach unten!

Beispiel: Nachdem sie ihre Jugend in Deutschland verbracht hatte, zog sie nach Italien.

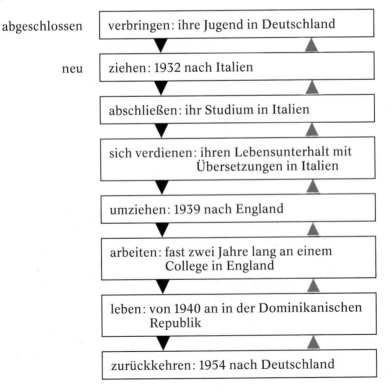

abgeschlossen   verbringen: ihre Jugend in Deutschland

neu   ziehen: 1932 nach Italien

abschließen: ihr Studium in Italien

sich verdienen: ihren Lebensunterhalt mit Übersetzungen in Italien

umziehen: 1939 nach England

arbeiten: fast zwei Jahre lang an einem College in England

leben: von 1940 an in der Dominikanischen Republik

zurückkehren: 1954 nach Deutschland

2. Bilden Sie nun bitte Sätze, in denen der abgeschlossene Vorgang in einem Hauptsatz steht! Lesen Sie jetzt die Stichworte von unten nach oben, und folgen Sie den blauen Pfeilen!

Beispiel: neu

zurückkehren: 1954 nach Deutschland

Hilde Domin kehrte 1954 nach Deutschland zurück.

abgeschlossen

leben: von 1940 an in der Dominikanischen Republik

Vorher hatte sie von 1940 an in der Dominikanischen Republik gelebt.

Temporale Nebensätze: Zeitenfolge **B 6**

Subjunktoren: temporal

bevor, nachdem, seit/seitdem, während

Was passiert wann? **Zeitenfolge**

			Zeitenfolge
1. Während der Schriftsteller Arthur Koestler in Ungarn zur Schule ging, dachte er ungarisch.		⟹ Nebensatz ⟶ Hauptsatz	gleichzeitig
2. Bevor er 1940 nach England ging, lebte er in Paris.		⟶ Hauptsatz ⟹ Nebensatz	zuerst danach
3. Nachdem er in England eine neue Heimat gefunden hatte, schrieb er alle Bücher auf englisch.		⟹ Nebensatz ⟶ Hauptsatz	zuerst danach

1. Vergleichen Sie bitte die Zeit im Hauptsatz und im Nebensatz!
2. Schreiben Sie bitte die Sätze mit temporalen Nebensätzen aus B 1 heraus, und bestimmen Sie die Zeitenfolge!

Beispiel: Seit sie angefangen hatte zu dichten, war die Muttersprache für sie zur Heimat geworden.   gleichzeitig

Flucht – Verfolgung – Exil **B 7**

Was fällt Ihnen zu diesen Bildern ein?

C1 Temporalangaben

Temporalangaben (1)

Subjunktor + Nebensatz	Bevor sie abreist,
Präposition + Nominalgruppe	Vor ihrer Abreise

Präpositionen und Subjunktoren: temporal

Dativpräpositionen	vor	nach	seit	Genitivpräposition	während
Subjunktoren	bevor	nachdem	seit/seitdem	Subjunktor	während

C2 ???

Lesen Sie bitte den Text, und ergänzen Sie die temporalen Subjunktoren und Präpositionen!

> als, bevor, nach, nachdem, seit, vor, während

Chamissos Enkel
Zur Literatur von Ausländern in Deutschland

dtv

Der Buchumschlag zeigt Chamisso mit den Preisträgern von 1985: Aras Ören aus der Türkei und Rafik Schami aus Syrien.

1985 wurde ein deutscher Literaturpreis für ausländische Schriftsteller geschaffen. Dieser Preis trägt den Namen eines Mannes, der _____ mehr als 200 Jahren in Frank-
5 reich geboren wurde. Als Kind kam er nach Deutschland und wurde hier später zum deutschen Dichter: Adelbert von Chamisso (1781–1838). _____ der Französischen Revolution mußte Chamissos Familie 1792
10 aus politischen Gründen aus Frankreich emigrieren. _____ sie durch mehrere Länder Europas gezogen war, blieb sie endlich in Berlin. Dort trat Chamisso 1799 ins Militär ein. _____ seine Familie 1801
15 nach Frankreich zurückkehrte, blieb Adelbert in Berlin. _____ er das Militär verlassen hatte, begann er mit naturwissenschaftlichen Studien und versuchte, Gedichte zu schreiben, zuerst französische,
20 dann deutsche. Doch _____ er sich in der deutschen Gesellschaft ganz heimisch fühlte, mußte er noch viele innere Konflikte bestehen. Die Feindseligkeiten zwischen Frankreich und Deutschland belasteten ihn
25 schwer. Sie zeigten ihm immer wieder, daß er zwischen zwei Nationen stand. Ein Zeitgenosse schrieb, _____ er ihn das erste Mal gesehen hatte: „... höchst unglücklich ist der Mann: er hat kein Vater-
30 land! Seine Natur gehört ganz seinem Mutterland an, und er kann davon sich nicht trennen."
_____ er von 1815 bis 1818 um die Welt reiste, entschied sich Chamisso endgültig für

Deutschland. _Seit_____ dieser Zeit wurde ihm Deutschland immer mehr zur Heimat. „... so bin ich durch Sprache, Kunst, Wissenschaft und Religion ein Deutscher", schrieb er 1823 an seinen Bruder nach Frankreich. Aus dem Emigrantenkind wurde schließlich ein berühmter deutscher Dichter.

_____ es den Chamisso-Preis gibt, ist das Leben dieses Dichters wieder in das Bewußtsein der Öffentlichkeit gerückt. Der Preis soll darauf aufmerksam machen, daß ausländische Schriftsteller, die heute in Deutschland leben und schreiben, eine Bereicherung der deutschen Literatur bedeuten.

> Es ist mein Wunsch, daß das geschriebene Wort über alle Grenzen hinweg eine Brücke zur Kommunikation werden möge, die Phantasie mit Phantasie, Gedanken mit Gedanken, Sprache mit Sprache, Individuum mit Individuum verbindet.
>
> Aras Ören, erster Träger des Adelbert-von-Chamisso-Preises

Aufgaben
1. Suchen Sie bitte für jeden Abschnitt eine Überschrift!
2. Schreiben Sie bitte mit Hilfe der Überschriften einen kurzen Text über Chamisso! (Nur einen Satz pro Absatz.)
3. Suchen Sie bitte eine passende Überschrift für den gesamten Text von C 2!
4. Erklären Sie bitte den Buchtitel „Chamissos Enkel"!

vor und seit   C 3

	früher	jetzt
vor 10 Jahren	●	
seit 10 Jahren	———————————————➤	

a) **vor** oder **seit**? Ergänzen Sie bitte die Temporalangaben! Achtung: Manchmal müssen Sie erst rechnen!
Beispiele: Chamisso wurde *vor … Jahren* geboren. *Seit 1985* gibt es den Chamisso-Preis.

1. Adelbert von Chamisso wurde ——————— in Frankreich geboren.
2. Und ——————— ist er in Berlin gestorben.
3. Der Chamisso-Preis wird ——————— vergeben.
4. ——————— erhielt Aras Ören den Preis.
5. Hilde Domin lebt ——————— wieder in Deutschland.
6. Sie kam ——————— in die Bundesrepublik.

b) Antworten Sie bitte

Seit wann lernen Sie Deutsch? Vor wie vielen Monaten/ Jahren haben Sie damit begonnen? Lernen Sie noch andere Fremdsprachen? Seit wann? Oder haben Sie früher welche gelernt? Vor wie vielen Jahren?

Abläufe   C 4

Bilden Sie bitte Sätze mit temporalen Subjunktoren oder Präpositionen!

Beispiele: Bevor ich zur Schule ging, …
Während meiner Schulzeit …

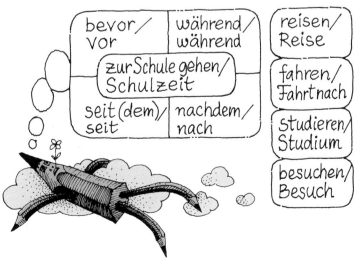

C 5 Überall ein Fremder

Adelbert von Chamisso schrieb einmal zu dem Stichwort „Vaterland":

> Ich bin Franzose in Deutschland und Deutscher in Frankreich, Katholik bei den Protestanten, Protestant bei den Katholiken. Philosoph bei den Gläubigen und Frömmler bei den Freidenkern, Weltmann bei den Gelehrten und Pedant bei den Leuten von Welt. Ich bin nirgends an meinem Platz. Ich bin überall ein Fremder; ich bin unglücklich.

Aufgaben

1. Was sagt Chamisso über sich?
   Rekonstruieren Sie bitte den Text!

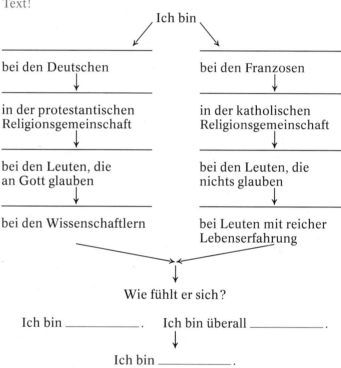

Ich bin

bei den Deutschen	bei den Franzosen
in der protestantischen Religionsgemeinschaft	in der katholischen Religionsgemeinschaft
bei den Leuten, die an Gott glauben	bei den Leuten, die nichts glauben
bei den Wissenschaftlern	bei Leuten mit reicher Lebenserfahrung

Wie fühlt er sich?

Ich bin _____.   Ich bin überall _____.

Ich bin _____.

2. Zu welchem Abschnitt in Chamissos Leben passen diese Sätze?

3. Versuchen Sie bitte, eine Begründung zu diesen Aussagen von Chamisso zu geben. Lesen Sie dazu den Text C 2 und die Informationen über Chamisso!
   Beispiel:
   „Ich bin Franzose in Deutschland ..."
   Chamisso ist Franzose in Deutschland, denn er wurde in Frankreich geboren, und seine Muttersprache war französisch.

Informationen über Chamisso:

Chamisso wurde in Frankreich als Katholik geboren. In Berlin, das protestantisch war, wechselte er bei seiner Heirat die Religionsgemeinschaft.
Chamisso diskutierte mit Freunden in einem wissenschaftlich-literarischen Club über die Probleme der Welt und des Lebens.
Er studierte Medizin und Naturwissenschaften und machte eine Schiffsreise um die Welt.

4. Chamisso spricht über das Fremdsein in den Bereichen Nationalität, Religion, Wissenschaft, Gesellschaft. In welchen Bereichen finden Sie es am schlimmsten, sich als Fremder zu fühlen? Warum?

5. Fremder sein = unglücklich sein. Ist das immer richtig? Suchen Sie bitte Beispiele, wo das Ihrer Meinung nach nicht zutrifft!

Wann? C 6

Temporalangaben (2): Kasus

Jahreszahl		1909 wurde ihm klar, was er wollte.
Genitiv		Eines Tages hatte er nämlich eine Idee.
Akkusativ		Einen Monat lang schrieb er Gedichte.
Präp.	**+ Kasus**	
		Zu seinem Geburtstag war er fertig.
		Vor diesem Tag hatte er nie etwas geschrieben.
		Seit diesem Abend ist er berühmt.
von ... bis zu		Von seinem 25. Geburtstag bis zu seinem frühen Tod dichtete er nun.
		Mit 30 Jahren starb er bereits.
		Während der folgenden Jahrzehnte kannte ihn fast jeder.

Aufgaben

1. Unterstreichen Sie bitte die Temporalangaben und tragen Sie Präposition und Kasus ein.
2. Suchen Sie bitte die Temporalangaben aus B 1 und C 1 heraus und vergleichen Sie sie mit der Tabelle!
3. Welche Temporalangaben sind in Ihrer Sprache ähnlich/ anders?
4. Welche Temporalangaben im Deutschen sind für Sie schwierig? Schreiben Sie sich diese bitte heraus und variieren Sie sie!

Beispiel:
In 14 Tagen kaufe ich ein neues Wörterbuch.
In einem Jahr fahre ich in die Schweiz.
In einer halben Stunde gehe ich zum Deutschkurs.

Kanon

Das ist die Not der schweren Zeit!
Das ist die schwere Zeit der Not!
Das ist die schwere Not der Zeit!
Das ist die Zeit der schweren Not!

Adelbert von Chamisso

Intonation: Gedicht ♪ 1

Hören Sie bitte das Gedicht (eventuell mehrmals), und markieren Sie die Satz- melodie des Sprechers!

Gedicht vortragen ♪ 2

a) Tragen Sie bitte das Gedicht „Kanon" selbst vor!

b) Gibt es noch andere Intonationsmöglich- keiten?

D 1 Flüchtlinge

Lesen Sie bitte das Schaubild und den Text, und beantworten Sie danach die Fragen!

Aus Angst vor Verfolgung:

Menschen auf der Flucht

registrierte Flüchtlinge in Millionen nach Aufnahmeregionen

Stand: April 1991 *

Asien, Ozeanien	Südamerika, Karibik	Europa, Nordamerika	Afrika (ohne Nordafrika)	Südwestasien, Mittlerer Osten, Nordafrika
0,6	1,2	2,8	5,7	7,2

Quelle: UN-Flüchtlingskommissariat ____ * letztverfügbare Zahlen 92 03 34 ©imu

Ein ungelöstes Weltproblem

Menschen, die aus politischen, religiösen, rassischen oder aus wirtschaftlichen Gründen so unter Druck gesetzt wurden, daß sie als einzigen Ausweg die Flucht aus ihrem Heimatland sahen, hat es schon immer gegeben. Anfang 1991 waren weltweit fast 17,5 Millionen von der UNO registriert.

UNO-Flüchtlingskommisariat

Flüchtlinge in der Bundesrepublik Deutschland und in Asien

Fragen

1. Was ist eine „Aufnahmeregion"?
   ein Gebiet, aus dem Flüchtlinge kommen ☐
   ein Gebiet, in das Flüchtlinge fliehen ☐

2. Welche Gründe für eine Flucht aus dem Heimatland erfährt man aus dem Text? Können Sie Beispiele für die verschiedenen Gründe geben?

3. In einigen Regionen leben viele Flüchtlinge, in anderen weniger. Welche Regionen sind das? Welche Erklärung gibt es dafür?

4. Kennen Sie berühmte Flüchtlinge aus Geschichte oder Gegenwart?

Ein Flüchtlingsschicksal　D 2

Eine Asylantin, die mit ihrem Mann in die Bundesrepublik
Deutschland geflohen ist, sagt über ihre Gefühle

– bei der Flucht

„Wir haben gelitten, als wir das Land
verließen. Wir liebten unser Land.
Jeder Mensch möchte gern in seinem
eigenen Land leben. Aber wir mußten
fliehen, um uns zu retten. Und deshalb
verließen wir unsere Heimat. Alles
verließen wir, unser Land und unsere
Kultur und … Als wir flohen, dachten
wir nur daran, unser Leben zu retten."

– nach der Flucht

„Wir können unmöglich in unsere
Heimat zurückkehren. Wir können
auch nicht in ein anderes Land gehen,
denn das ist nicht erlaubt. Wir haben
keine Hoffnung. Unsere Zukunft liegt
am Boden zerstört. Wir können nichts
tun, und wir glauben nicht daran, etwas
tun zu können. Auch deshalb geht es
uns immer schlechter. Das ist unser
Leben. Wir haben keine Hoffnung."

Aufgaben

1. Warum litten die Eheleute, als sie ihr
   Land verließen?
2. Warum mußten sie fliehen?
3. Was haben sie alles zurückgelassen? Die
   Frau nennt nur zwei Beispiele. Woran
   denkt sie wohl noch?
4. Haben die Eheleute bei ihrer Flucht an
   ihre Zukunft gedacht?
5. Wie sieht ihre Zukunft nach ihrer Flucht
   aus?
6. Vergleichen Sie bitte das Schicksal der
   Asylantin mit dem von Hilde Domin und
   Adelbert von Chamisso!

Flüchtlinge – Zusammenfassung　D 3

Fassen Sie bitte die Informationen über Flüchtlinge, die Sie
in dieser Lektion erhalten haben, zusammen!

Auf der Welt gibt es _____ Flüchtlinge.

In ← Nordafrika sind es ← Millionen.

Die Menschen fliehen aus ← Gründen.

Sie fliehen, weil ←

Flüchtlinge haben unterschiedliche Gefühle
für das Land, aus dem sie kommen. Sie ←

Flüchtlinge verhalten sich gegenüber der
Kultur und den Menschen des Landes, in
das sie fliehen, unterschiedlich. Sie ←

Projekt　D 4

1. Finden Sie bitte heraus, ob und wann Ihr Land deutsche
   Einwanderer/Flüchtlinge aufgenommen hat! Nimmt es
   immer noch welche auf? Aus welchen Gründen sind
   diese Deutschen gekommen/kommen sie?
2. Gibt/Gab es Einwanderer/Flüchtlinge aus anderen
   Ländern?

E 1 Deutsche in Brüssel – Eine Radiosendung

1. Lesen und antworten Sie bitte!

Fragen
a) Wie viele Deutsche leben in Brüssel?
b) Wo leben die meisten Deutschen in Brüssel?
c) Wo arbeiten sie?
d) Viele Deutsche in Brüssel haben Probleme. Warum?

Ankündigung der Radiosendung
Sonnabend 17.05
Forum Südwestfunk 2

Deutsche in Brüssel (17.05 SWF 2). Rund 30 000 Deutsche leben in und um Brüssel, vor allem in einer Art „Klein-Deutschland" am südöstlichen Stadtrand. Viele von ihnen arbeiten bei den verschiedenen Institutionen der Europäischen Gemeinschaft und der Nato, andere für deutsche Verbände und Firmen. Trotz meist überdurchschnittlich guter wirtschaftlicher Verhältnisse gibt es aber viele Probleme, die durch eine gewisse Isolierung in einer fremden Umgebung gefördert werden. Eine Diskussion über das Leben im deutsch-Brüsseler Getto.

2. In den Ausschnitten aus der Radiosendung erfahren Sie mehr über das Leben der Deutschen in Brüssel. Hören Sie die Ausschnitte bitte mehrmals, und beantworten Sie die Fragen!

a) Wer gibt die Informationen?
   der Diskussionsleiter ☐
   die Angestellte bei einer internationalen Behörde ☐
   der Psychologe von der Beratungsstelle für Deutschsprachige ☐
   ein Student ☐

b) Warum wird ein Stadtteil von Brüssel „Klein-Deutschland" genannt?
   weil dort nur wenige Deutsche leben ☐
   weil dort alles Deutsche klein ist ☐
   weil dort besonders viele Deutsche eng zusammen wohnen ☐

c) Welche Institutionen gibt es in Brüssel für Deutsche?
   deutsche Schule, ...

d) Was stimmt? Kreuzen Sie bitte an!
   Viele Deutsche verdienen in Brüssel viel Geld und leben angenehm. ☐
   Deutsche Ehefrauen sind unzufrieden, weil sie wegen der Karriere ihres Mannes auf eine eigene Berufstätigkeit verzichtet haben. ☐
   Deutsche Ehefrauen sind unzufrieden, weil sie keine Kontakte zu anderen Deutschen haben. ☐
   Alle Deutschen haben Kontakte zu Belgiern. ☐
   Viele Deutsche in Brüssel leben nur unter Deutschen, d. h. in einem deutschen Getto. ☐
   Es gibt natürlich auch Deutsche, die die belgische Kultur kennenlernen und verstehen wollen. ☐

IBS INFORMATIONS- UND BERATUNGSSTELLE FÜR DEUTSCHSPRACHIGE
TELEFONHILFE
NEUE Nr 02-231 06 96

FRAGEN
PROBLEME
KRISEN

WIR SIND FÜR SIE DA

3. Wo und wie leben Deutsche in Ihrem Land?
   Vergleichen Sie bitte das Leben der Deutschen in Brüssel mit dem Leben der Deutschen bei Ihnen!

Aus der Arbeit einer deutschen Beratungsstelle im Ausland   E 2

Eine Mitarbeiterin
berichtet:

„Nehmen wir zum Beispiel die Fremdsprachensekretärin
Barbara Z. Letzten Sommer hat sie in diese Stadt ziehen
müssen, weil ihre Firma es so gewollt hat. Von Bekannten
hat sie sich eine Wohnung im ‚deutschen Viertel' mieten
lassen. Dort hat sie sich aber nicht wohlfühlen können, weil
sie keine Kontakte zu Einheimischen bekommen hat.
Deshalb hat sie uns angerufen. Sie hat uns ihre Isolierung
nicht lange zu beschreiben brauchen. Wir kennen solche
Probleme und haben ihr sehr schnell helfen können: mit
einer Liste einheimischer Vereine. In einem dieser Vereine
ist sie Mitglied geworden und hat dort inzwischen viele neue
Leute kennengelernt. Die Probleme von Frau Z. sind auf
diese Weise sehr einfach gelöst worden, und zwar durch sie
selbst. Wir haben ihr nur diesen Hinweis zu geben brauchen. Leider gibt es auch schwierigere Fälle."

Perfekt (4): besondere Perfektformen   Vergleichen Sie bitte!

	Infinitiv		Partizip II
Modalverben	Er hat es so haben wollen.		Er hat es so gewollt.
nicht/nur brauchen	Er hat es nicht zu nehmen brauchen.	Voll-	Er hat es gebraucht.
lassen	Er hat es sein lassen.	verben	Er hat es gelassen.
Passiv	Er ist betrogen worden.		Jetzt ist er klug geworden.

Ergänzen Sie bitte!

> Vollverben: Perfekt = haben/sein + _____
> Modalverben, nicht/nur brauchen, lassen: Perfekt = haben + _____
> Passiv: Perfekt = sein + Partizip II + *worden*

Die Perfektformen von den Modalverben, von *nicht/nur
brauchen* und von *lassen* werden nur selten benutzt.
Schreiben Sie deshalb den Text E 2 bitte neu, und benutzen
Sie statt dieser Formen das Präteritum!
Beispiel: Sie hat in diese Stadt ziehen müssen.
→ Sie mußte in diese Stadt ziehen.

F   Fragebogen

Antworten Sie bitte auf die
Fragen, die Sie interessant
finden!

1. Wenn Sie sich in der Fremde aufhalten und
   Landsleute treffen: befällt sie dann Heimweh oder
   dann gerade nicht?
2. Hat Heimat für Sie eine Flagge?
3. Worauf können Sie verzichten:
   a) auf Heimat?
   b) auf Vaterland?
   c) auf die Fremde?
4. Was bezeichnen Sie als Heimat?
   a) ein Dorf?
   b) eine Stadt oder ein Quartier darin?
   c) einen Sprachraum?
   d) einen Erdteil?
   e) eine Wohnung?
5. Was lieben Sie an Ihrer Heimat besonders:
   a) die Landschaft?
   b) daß Ihnen die Leute ähnlich sind in Ihren
      Gewohnheiten ...?
   c) das Brauchtum?
   d) daß Sie dort ohne Fremdsprache auskommen?
   e) Erinnerungen an die Kindheit?
6. Haben Sie schon Auswanderung erwogen?
7. Welche Speisen essen Sie aus Heimweh ..., und
   fühlen Sie sich dadurch in der Welt geborgener?
8. Wieviel Heimat brauchen Sie?
9. Insofern Heimat der landschaftliche und
   gesellschaftliche Bezirk ist, wo Sie geboren und
   aufgewachsen sind, ist Heimat unvertauschbar:
   sind Sie dafür dankbar?
10. Wem?
11. Was macht Sie heimatlos:
    a) Arbeitslosigkeit?
    b) Vertreibung aus politischen Gründen?
    c) Karriere in der Fremde?
12. Haben Sie eine zweite Heimat? Und wenn ja:
13. Können Sie sich eine dritte und vierte Heimat
    vorstellen oder bleibt es dann wieder bei der
    ersten?
14. Kann Ideologie zu einer Heimat werden?
15. Auch Soldaten auf fremdem Territorium fallen
    bekanntlich für die Heimat: wer bestimmt, was sie
    der Heimat schulden?
16. Können Sie sich überhaupt ohne Heimat denken?
17. Woraus schließen Sie, daß Tiere wie Gazellen,
    Nilpferde, Bären, Pinguine, Tiger, Schimpansen
    usw., die hinter Gittern oder im Gehege
    aufwachsen, den Zoo nicht als Heimat
    empfinden?

Max Frisch

Lektion 7

In vielen Ehen gibt es ~~GEMEINSAMKEIT~~ EINSAMKEIT

A1 Treffpunkt für zwei

Wo Beate bloß bleibt? In der vergangenen Woche hat sie die Ankunftszeit doch noch bestätigt! Eva Lehmann blättert mit steigender Unruhe im vor ihr liegenden Lufthansa-Bordbuch aus dem Flugzeug. Eine halbe Stunde sitzt sie jetzt schon im neuen, erst wenig besuchten Flughafenrestaurant von Lilastadt und wartet darauf, daß ihre Freundin sie abholt. Wahrscheinlich gibt es auch hier einen Berufsverkehr, in dem man steckenbleiben kann, denkt sie und ißt noch etwas von der Eistorte.

„Entschuldigen Sie bitte ..." hört Eva plötzlich jemand sagen. Sie blickt auf. Vor ihr steht ein hübscher, junger Mann. „Entschuldigen Sie bitte", sagt der junge, modisch gekleidete Mann noch einmal, „daß ich Sie so einfach anspreche, aber..." Eva ist überrascht, hier auf dem Flughafen von Lilastadt auf deutsch angesprochen zu werden. „... aber äh, ich ... äh." Er schweigt einen Augenblick. „Darf ich mich vielleicht zu Ihnen setzen?" fragt er dann schnell.

Eva blickt durch das offenstehende Fenster, und dann sieht sie dem jungen Mann direkt ins leicht errötete Gesicht. Er sieht gar nicht so unsympathisch aus. „Hm, na ja, bitte", antwortet sie dann. „Ich glaube, ich muß Ihnen das erklären, sonst denken Sie noch ...", sagt der junge Mann leise, während er sich setzt. „... sonst denken Sie noch, daß man bei uns einfach jemand, wie soll ich sagen, daß man jemand anspricht. Darf ich mich erst mal vorstellen? Ich heiße Koto Kana, ich bin Student, das heißt, ich studiere Deutsch", sprudelt es jetzt aus ihm heraus, „und als ich Sie mit der deutschen Zeitung sah..." – „Ach, Sie möchten die Zeitschrift haben – bitte, hier", entgegnet Eva. Überrascht stellt sie fest, daß sie etwas enttäuscht ist. „Oh, danke, aber nein, die Zeitschrift wollte ich eigentlich nicht, ich meine, äh ..." Jetzt klingt Koto ziemlich verwirrt. Eva lächelt. „Was möchten Sie denn dann?" fragt sie freundlich.

Ihr Gegenüber sucht offensichtlich nach Worten. „Sind Sie allein hier?" fragt Koto dann plötzlich. Jetzt weiß Eva nicht so recht, was sie antworten soll. Der junge Mann ist ihr ja sympathisch, aber das ist ihr doch ein bißchen zu direkt. „Tja, also, wie man's nimmt, ja und nein", antwortet sie. „Ich warte hier auf meine Freundin, die mich abholen wollte", entgegnet sie. „Oh", sagt Koto. Eva überlegt, was das wohl heißen sollte. Klang es enttäuscht?

„Also, ich will nicht lange um den heißen Brei herumreden", sagt Koto. Eva merkt an seinem Gesichtsausdruck, daß er offensichtlich sehr zufrieden ist, daß ihm der ‚heiße Brei' eingefallen ist. „Unsere deutsche Abteilung macht morgen ein Fest, und da dachte ich, ich könnte Sie vielleicht einladen, mit mir zu dem Fest zu kommen. Sie als richtige Deutsche." Innerlich muß

Eva lachen. Da steht der Mann bei seinen Freunden sicher gut da, wenn er eine Deutsche auf das Fest mitbringt. Aber sie bewundert seinen Mut. Außerdem hat er so wunderschöne grün-blaue Augen. „Gern", sagt sie, „aber nur, wenn ich kein auffallendes Dirndl anziehen und nicht jodeln muß. Ich komme nämlich aus Hamburg." „Toll", freut sich Koto, „das finde ich ganz ausgezeichnet." Er fährt sich mit der Hand durchs Haar. „Nicht nur für das Fest, meine ich", fügt er dann etwas leiser hinzu, „ich freue …" – „Eva!" ruft da jemand ganz laut. Die wenigen Leute im Restaurant drehen sich um. Eine Frau mit aufgelösten Haaren kommt auf sie zugelaufen. „Entschuldige, Eva", keucht sie, noch völlig außer Atem, „aber der Verkehr hier, schlimmer als auf der Kennedy-Brücke in Hamburg zur Hauptverkehrszeit …"

Fortsetzung folgt

Aufgaben

1. Warum sitzt Eva in einem fremden Land allein in einem Restaurant?
2. Wie versucht Koto Kana, mit Eva in Kontakt zu kommen?
3. Als Evas Freundin kommt, kann Koto seinen Satz „Ich freue …" nicht beenden. Was wollte er sagen?
4. Wie sehen Sie das?
   a) „Sind sie allein hier?" – Auf diese Frage antwortet Eva nicht sofort, warum?
   b) Was halten Sie davon, daß Koto Eva einfach anspricht?

Hilfen/Informationen/Tips für Deutsche in Ihrem Land   A 2

Sammeln Sie bitte einige Verhaltensregeln!

1. Kann/Darf man als Mann/als Frau bei Ihnen allein reisen?
2. Kann/Darf man als Mann/als Frau bei Ihnen Kontakte zu fremden Menschen aufnehmen? Wenn ja, wie ist es möglich/erlaubt/denkbar?
3. Wie soll sich eine junge Frau gegenüber einem unbekannten Mann verhalten? Darf sie ihn ansprechen? In welchen Fällen, in welchen nicht?

A 3   Was kann man sagen, was nicht?

Attribute (2): Partizip I und Partizip II

Vergleichen Sie bitte!

| Partizip I | die lieben**de** Frau | = die Frau, die liebt | Aktiv |
| Partizip II | die gelieb**te** Frau | = die Frau, die geliebt wird | Passiv |

Aufgaben

1. Unterstreichen Sie bitte in A1 alle Attribute mit
   Partizip I!

2. Formen Sie sie dann bitte in Relativsätze um!
   Beispiel: mit steigender Unruhe →
       mit Unruhe, die steigt

3. Bilden Sie bitte Attribute mit Partizip I und Partizip II!
   Formen Sie diese dann in Relativsätze um!

   Was kann man sagen ✓ , was nicht – ?

Beispiele:

lesen · beeindrucken · kommentieren · fotografieren

Student · Kind · Zeitung · Buch · Flughafen · Verkehr · Brücke

der lesende Student = der S., der liest   ✓

der gelesene Student = der S., der gelesen wird   –

die lesende Zeitung = die Z., die liest   –

die gelesene Zeitung = die Z., die gelesen wird   ✓

A 4   Eine kleine Szene

Schreiben Sie bitte die Geschichte aus A1 in eine kleine
Szene um! Benutzen Sie dabei auch kurze Beschreibungen,
die die Dialoge verknüpfen und kommentieren.
So könnten Sie vielleicht beginnen:

> Eva sitzt schon eine halbe Stunde im Restaurant des Flughafens und wartet auf
> ihre Freundin Beate. Da tritt plötzlich jemand an ihren Tisch.
>
> Koto: Entschuldigen Sie bitte – Entschuldigen Sie, daß ich Sie einfach
>   anspreche, aber – äh – darf ich mich setzen?
> Eva·: Warum nicht?
> Koto: ...
> Eva: ...

Die Geschichte ist noch nicht zu Ende.
Wie geht sie weiter?
Schreiben Sie bitte die Fortsetzung!
a) Überlegen Sie sich bitte zuerst, wie die
   Geschichte weitergehen soll!
b) Schreiben Sie sich dann Stichworte auf,
   z. B. zu folgenden Fragen:
   – Was tun Beate und Eva?
   – Welche Gedanken macht sich Eva
     über Koto?
   – Welche Gedanken macht sich Koto
     über Eva?
   – Wie verläuft das Treffen der beiden?
   – Wie verläuft das Fest?
   – Wie denken Kotos Freunde darüber,
     daß Eva auch auf dem Fest ist?
   – Treffen sich beide noch einmal?
c) Verbinden Sie bitte diese Stichworte zu
   ganzen Sätzen! Denken Sie an passende
   Satzverknüpfer! Wie in A 1 sollten
   Erzählteile und direkte Rede wechseln.
   Benutzen Sie bitte das Präsens!

Intonation: Stimmungen und Gefühle ♪

1. Sprechen Sie bitte die gesprochenen Sätze nach!
   (gedacht)   (gesprochen)

a) sie: Beate wollte doch bei   Wo Beate bloß bleibt?
        meiner Ankunft hier sein.

b) sie: Ich kenne den jungen   Er spricht mich an?
        Mann gar nicht.

c) sie: Will ich eigentlich, daß   Hm, na ja, bit te.
        er sich zu mir setzt?

d) sie: Ich dachte eigentlich, daß   Ach , Sie möchten die Zeitschrift
        er mich interessant findet.   haben – aber bit te, hier.

e) er: Hat sie mich nicht ver-   O dan ke, aber nein, die Zeitschrift
        standen?   wollte ich eigentlich nicht, ich meine, äh …

f) sie: Ob ich allein hier bin –   Tja, also, wie man's nimmt, ja und nein.
        warum fragt er?

g) er: Sie kommt mit zum Fest.   Toll ! Ganz ausge zeichnet!

h) sie: Er hat tatsächlich er-   Der ist aber mutig, mich einfach so
        reicht, was er wollte.   einzuladen!

2. In welchen Sätzen werden die folgenden Stimmungen und Gefühle ausgedrückt?

Bewunderung ( ) – Freude ( ) – Enttäuschung ( ) – Überraschung ( ) –
Verwirrung (e) – Zögern ( ) – Unsicherheit ( ) – Nicht-Verstehen, Verwunderung ( )

B Beziehungen

Der Freund im Wörtersee

Ab und zu mache ich zusammen mit einem Freund eine Radtour. Mein Freund findet das völlig in Ordnung. Aber ein Bekannter von mir hat sich neulich fürchterlich darüber aufgeregt, daß ich mit einem Freund von mir unterwegs bin, während mein Freund zu Hause bleibt. Mein Freund, das ist der Mann, mit dem ich zusammenlebe. Der Freund von mir, das ist ein Mann, mit dem ich höchstens zusammen radfahre. Und der Bekannte, mit dem würde ich nicht mal radfahren. Den kenn ich halt, ich kann auch nichts dafür.

Eva Witte

Anfrage: Worin besteht der Unterschied zwischen „Freund" und „Kamerad"?

Antwort: Einem Freund ist man aus innerer Neigung zugetan, einem Kameraden dagegen ist man durch Gemeinsamkeiten verbunden. Das kann sich so verstärken, daß eine andere Wortwahl getroffen wird, beispielsweise wenn aus dem „Schulkameraden" ein „Schulfreund", aus dem „Studienkameraden" der „Studienfreund" wird. Bei manchen Wortzusammensetzungen wird eine Tiefe vorgetäuscht, die gar nicht vorhanden ist. Die meisten „Geschäftsfreunde" sind – im strengen Sinne des Wortes – „Geschäftskameraden", aber dieses Wort ist bei uns ebensowenig üblich wie der „Parteikamerad", der stets als „Parteifreund" ausgegeben wird.

Nach: Der Sprachdienst, Jg. XXIX (1985), H. 5/6

Aufgaben

1. a) Schreiben Sie bitte die Wörter heraus, die eine Beziehung zwischen Menschen bezeichnen!
    Beispiel: ein Freund
    b) Bringen Sie bitte diese Wörter in eine Reihenfolge!

2. Suchen Sie bitte in Ihrer Sprache die passenden Wörter für Freund, Bekannter usw.! Gibt es für alle deutschen Ausdrücke passende Wörter in Ihrer Sprache?

3. Gibt es in Ihrer Sprache Begriffe, für die es im Deutschen keine direkte Übersetzung gibt?

Einsamkeit – Gemeinsamkeit   C1

Endlich

Endlich entschloß sich niemand
und niemand klopfte
und niemand sprang auf
und niemand öffnete
und da stand niemand
und niemand trat ein
und niemand sprach: willkommen
und niemand antwortete: endlich

Christa Reinig

Ganz er selber sein darf jeder nur,
solange er allein ist. Wer also nicht die
Einsamkeit liebt, der liebt auch nicht
die Freiheit; denn nur wenn man allein
ist, ist man frei.

Arthur Schopenhauer

Im Nebel

Seltsam, im Nebel zu wandern!
Einsam ist jeder Busch und Stein,
Kein Baum sieht den andern,
Jeder ist allein.

Voll von Freunden war mir die Welt,
Als noch mein Leben licht war;
Nun, da der Nebel fällt,
Ist keiner mehr sichtbar.

Wahrlich, keiner ist weise,
Der nicht das Dunkel kennt,
Das unentrinnbar und leise
Von allem ihn trennt.

Seltsam, im Nebel zu wandern!
Leben ist Einsamsein.
Kein Mensch kennt den andern,
Jeder ist allein.

Hermann Hesse

Aufgaben

1. Welche Wörter aus den Texten kann man den Begriffen aus der Überschrift zuordnen?
   Beispiel: Einsamkeit: niemand, …
   Gemeinsamkeit: jeder, …
2. a) Setzen Sie bitte im Gedicht von Christa Reinig für das Wort „niemand" die Namen von zwei verschiedenen Personen ein!
   b) Was ist wahrscheinlich passiert, bevor das Gedicht beginnt?
3. a) Versuchen Sie bitte, mit Ihren Worten wiederzugeben, was Hesse mit „Nebel" ausdrücken will!
   b) Können Sie sich für sich selbst eine Situation vorstellen, zu der dieses Gedicht paßt?
4. a) Ist die Einsamkeit für Schopenhauer ein positiver oder ein negativer Wert? Wie begründet er das?
   b) Welche Vorstellung von „allein" ist Ihrer Meinung nach hier die richtige/passende?
   allein = in Ruhe
   allein = ohne soziale Kontakte/Beziehungen
   allein = im fremden Land
5. Welchem Text könnten Sie die Überschrift „Einsamkeit", welchem „Gemeinsamkeit" geben? Begründen Sie bitte Ihre Entscheidung!

C 2 Liebe im Lied

1. Hören Sie bitte zunächst nur auf die Musik und nicht
   auf den Text! Welches Lied gefällt Ihnen besser?

Volkslied

Liebling, mein Herz läßt dich grüßen

Noch verknüpft uns nur Sympathie,
noch sagen wir »Sie«
und küßten uns nie.
Doch im Traume
sag' ich schon »Du«
und flüstere leis' dir zu:

> Liebling, mein Herz läßt dich grüßen,
> nur mit dir allein
> kann es glücklich sein.
> All meine Träume, die süßen,
> leg' ich in den Gruß mit hinein!
> Laß' nicht die Tage verfließen,
> bald ist der Frühling dahin!
> Liebling, mein Herz läßt dich grüßen
> und dir sagen, wie gut ich dir bin!

Text: Robert Gilbert
Musik: Werner Richard Heymann

Unterhaltungsmusik

2. Erzählen Sie bitte den Inhalt der beiden
   Lieder! Nennen Sie die Personen, den
   Ort, das geschilderte Problem und die
   Versuche zu dessen Lösung!

3. Übersetzen Sie die beiden Texte zuerst
   wörtlich (mit Hilfe des Wörterbuchs)!
   Welches Lied gefällt Ihnen inhaltlich besser? Versuchen Sie dann, von diesem eine
   „literarische" Übersetzung zu machen!
4. Welches Lied halten Sie für älter,
   welches für jünger und warum?
5. Gibt es bei Ihnen ähnliche Lieder?

Das Wort für Liebe ist in manchen Sprachen maskulin, in anderen feminin – aber in fast allen Sprachen klingt es weich und angenehm. Manche Sprachen sind reich an Ausdrücken für das Wort „Liebe", je nachdem ob Freundschaft, familiäre Zuneigung, Liebe zum Vaterland, romantische Liebe oder Leidenschaft gemeint sind.

Verliebte benutzen überall auf der Welt sehr verschiedene Kosenamen füreinander, die als Zeichen der Vertrautheit zwischen ihnen zu verstehen sind. Im allgemeinen sind Kosenamen auf Frauen und Männer gleichermaßen anzuwenden, z. B. im Deutschen „mein Schatz", „Schätzchen", „Liebling", „Herzchen" oder „Mäuschen".

Kosenamen dienen häufig auch dazu, Komplimente zu machen. Will beispielsweise ein Japaner sein Interesse an einer Frau zeigen und ihr ein Kompliment wegen ihrer Schönheit machen, so vergleicht er ihr Gesicht mit einem „Ei mit Augen". Nach dem klassischen Schönheitsideal soll eine Japanerin ein ovales, flaches Gesicht mit schwarzen, mandelförmigen Augen haben. In arabisch sprechenden Ländern wird ein Mann immer gut bei einer Frau ankommen, wenn er ihre Augen als „Gazellenaugen" bezeichnet und damit an die großen, klaren, flehenden Augen der Wüstengazelle erinnert. Vielleicht stammt dieses Kompliment aus der Zeit, als die Männer in der Öffentlichkeit nur verschleierte Frauen trafen, von denen nur die Augen zu sehen waren. Das Bild der Gazelle, elegant und beweglich, kann auch in westlich orientierten Ländern auf die Beine, lang und schlank, die Haltung, graziös und selbstbewußt, und das ganze Auftreten einer Frau, elegant und beeindruckend, übertragen werden.

In Spanien gibt es Komplimente, *piropos*, die Männer auf der Straße gegenüber einer hübschen Frau aussprechen. Das ist kein Annäherungsversuch, eine Antwort wird nicht erwartet. Dieser *piropo* kann sehr phantasievoll sein: „Es muß einsam sein im Himmel, nachdem einer der schönsten Engel herabgekommen ist."

Nach Charles Berlitz

Aufgaben

1. a) Wer benutzt Kosenamen für wen?
   b) Wer macht wem Komplimente?
   c) Wer kann in Ihrem Land wem Komplimente machen?
   d) Wer benutzt in Ihrem Land Kosenamen und für wen?
2. Suchen Sie bitte alle Kosenamen aus dem Text heraus, übersetzen Sie sie wörtlich, und entscheiden Sie dann, welche man bei Ihnen benutzen kann und welche nicht!

3. Gibt es in Ihrem Land Sitten, die dem spanischen *piropo* ähnlich sind? Wenn ja, wie denken Sie als Frau/als Mann darüber? (Sprechen Sie darüber in kleinen Gruppen!)
4. Sammeln Sie bitte Kosenamen aus Ihrer Sprache! Versuchen Sie dann, sie zu übersetzen! Fragen Sie einen Deutschen, ob man diese Übersetzungen im Deutschen benutzen könnte. Wenn ja, in welchen Situationen?

D 2   Liebe in verschiedenen Kombinationen

Im Deutschen gibt es viele zusammengesetzte Substantive mit „Liebe".

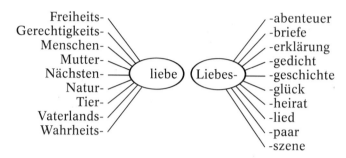

Freiheits-
Gerechtigkeits-
Menschen-
Mutter-
Nächsten-   **liebe**   **Liebes-**
Natur-
Tier-
Vaterlands-
Wahrheits-

-abenteuer
-briefe
-erklärung
-gedicht
-geschichte
-glück
-heirat
-lied
-paar
-szene

Suchen Sie bitte die entsprechenden Wörter in Ihrer Sprache!
Gibt es verschiedene Wörter für die verschiedenen Arten von „Liebe"?

Apposition

> Liebesmetaphorik **international**
> Frauen, in der Öffentlichkeit **verschleiert**
> das Bild der Gazelle, **eines Tieres** der Wüste
>
> Adjektive und Partizipien, die rechts vom Bezugswort stehen, werden nicht dekliniert (1) (2).
> Rechtsstehende Substantive haben oft denselben Kasus wie das Bezugswort (3).

1. Bilden Sie Appositionen mit rechtsstehenden Partizipien und Adjektiven! Was paßt?
   Beispiel: Kaffee, schwarz und duftend

Kaffee	heiß
Liebe	brennend
eine Prüfung	schwarz
eine Radiosendung	unterhaltend
ein Elefant	kurz
der Fremde	informierend
das Spiel	gefangen
...	schwierig
	abgeschlossen
	traurig
	duftend
	gesüßt
	...

2. Erweitern Sie bitte die folgenden Sätze durch Appositionen!

   a) Stefanie war gestern mit einer Freundin (eine Buchhändlerin) im Theater.
   b) Die Freundin ist die Frau eines früheren Nachbarn (ein Sprachlehrer).
   c) In der Pause haben sie Herrn Müller (ein neuer Kollege) getroffen.
   d) Im Gespräch hat Stefanie festgestellt, daß er und Daniel (ihr Mann) zusammen Tennis spielen.

Attribute (3): rechts

die Kosenamen **dort**	Adverb
die Augen **der Wüstengazelle**	Genitiv
Ausdrücke **für das Wort „Liebe"**	Präpositional-gruppe
Komplimente, **die Männer machen**	Nebensatz
die Gazelle, **ein Tier der Wüste**	Apposition

3. Suchen Sie bitte zu jedem Attribut-Typ in der Tabelle ein weiteres Beispiel aus den Texten dieser Lektion!

E1 Mein Mann ist Ausländer

Dagmar und Shahab Anwer leben in Karatschi in Pakistan.
Wir haben Dagmar Anwer und ihren Mann besucht und sie
über ihr Leben und ihre Erfahrungen befragt.

Machen Sie sich bitte beim ersten Hören des Interviews Notizen!
Schreiben Sie beim zweiten Hören auf, was Sie zu den
einzelnen Punkten der Tabelle gehört haben!

Kennenlernen	
Beruf von Dagmar von Shahab	früher: heute:
Heirat	
Probleme für Dagmar in Pakistan:	
Gründe für die Eingewöhnung	
Kinder Zahl Schule Sprache	
Religion	
Zukunftsprobleme	

E2 „Mischehen"

Diskutieren Sie bitte in der Gruppe!

1. Gibt es auch Probleme für den Mann
   durch die Ehe mit einer Deutschen?

2. Welche Probleme der pakistanisch-
   deutschen Ehe könnten auch in Ihrem Land
   entstehen, welche nicht? Gibt es noch
   weitere denkbare Schwierigkeiten?

NEUER TREND: „DU, SAG SIE ZU MIR!"

Beantworten Sie bitte folgende Fragen nach dem Lesen der kurzen Interviews!

1. Leseschritt:
Von welchen Personen/Personengruppen möchten die interviewten jungen Leute geduzt/gesiezt werden? Und in welcher Situation halten sie du/Sie für passend?

2. Leseschritt:
Welche Überlegungen stellen die jungen Leute an

für das Duzen?	für das Siezen?

Karin Fuchs, 20, Praktikantin:

„Ehrlich gesagt, stört es mich überhaupt nicht, wenn Fremde mich einfach duzen, doch es muß der richtige Ton sein. Richtig allergisch reagiere ich allerdings, wenn zum Beispiel Fahrkartenkontrolleure nach der Masche ‚Na, Kleine, wo haben wir denn das Scheinchen' ihren Job machen."

Anne Beck, 18, Schülerin:

„Meine Eltern sind von der Studentenbewegung beeinflußt worden, die sind ziemlich alternativ ausgerichtet. Da duzen sich alle. Als Kind konnte ich gar kein Sie. Zum erstenmal bekam ich damit in der Schule Probleme. Ich habe die Lehrer geduzt, und das fanden nicht alle so gut. Inzwischen leuchtet mir ein, daß das Sie nicht nur Distanz ausdrückt, sondern auch ein Zeichen für Respekt sein kann."

Thomas Weber, 20, Elektriker:

„Ich weiß nie, wie ich die Mütter meiner Freundinnen anreden soll. Manchmal hätte ich sehr gern du gesagt, aber ich wollte auch nicht taktlos sein. Außerdem finde ich es so unpersönlich, wenn ich von ihnen gesiezt werde. Ich fühle mich dann viel älter, als ich bin."

Sebastian Gall, 22, Lehrling:

„Also in bestimmten Situationen kommt nur das Du in Frage, zum Beispiel im Plattenladen. Aber in der Drogerie sage ich Sie. Die Verkäuferin fände das Du sicher zu direkt und zu intim, oder sie würde sich herabgesetzt behandelt fühlen wie Leute, die man nicht für voll nimmt."

Markus Heilmann, 18, Schüler:

„Wenn ich jemanden schon näher kenne, können wir uns ruhig duzen. Demgegenüber haben Fremde, Vorgesetzte, Lehrer oder Ältere das Recht, zunächst einmal mit ‚Sie' angeredet zu werden. Das drückt irgendwie Höflichkeit aus. Den Paßbeamten oder den Augenarzt könnte man doch nicht duzen! Die sollten mich dann aber auch wie einen Erwachsenen behandeln und mich ebenfalls siezen."

Sandra Müller, 19, Abiturientin:

„Ich werde lieber gesiezt. Aber es gibt Ausnahmen. Beim Babysitten finde ich ein vertrauliches Du mit der Mutter einfach schöner und angebrachter."

Was würdest du sagen, wenn ich dich bitten würde: „sag Sie zu mir"?

F 2 Wenn man nichts falsch machen möchte ...

Wie drückt man bei Ihnen Nähe und Distanz/Ferne
zwischen Personen aus? Wenn es nur <u>ein</u> Wort für die
Anrede gibt: Muß man andere Ausdrucksformen beachten?
Vergleichen Sie sie bitte mit den Anredeformen im Deutschen!

Verhaltensregeln in Deutschland	Verhaltensregeln bei Ihnen
Man duzt Kinder und Jugendliche bis zu etwa 15 Jahren, egal ob und wie gut man sie kennt.	
Personen, die älter als 15 Jahre sind, werden gesiezt, wenn man sie nicht kennt oder wenn man kein persönlicheres Verhältnis zu ihnen hat, z. B. Chef, Lehrer, Nachbarn.	
Man duzt Familienmitglieder und Freunde.	
Wenn man Leute näher kennenlernt und mit ihnen vertrauter wird, kann man vom „Sie" zum „Du" übergehen. Meistens bietet der Ältere dem Jüngeren, die Frau dem Mann das „Du" an.	
Sportkameraden und Leute, die man bei Freizeitbeschäftigungen trifft, duzt man meistens/oft.	
Besondere Hinweise: Die Anrede mit „Sie" ist niemals unhöflich. Findet der Angesproche das „Sie" nicht passend, wird er das „Du" anbieten.	Besondere Hinweise:

Wie kann man jemandem das „Du" anbieten?

Wir kennen uns jetzt schon so lange, wollen wir uns nicht duzen?

Ich würde gerne Du zu Ihnen sagen.

Sie können ruhig Du zu mir sagen!

Ich finde, wir könnten Brüderschaft schließen/trinken.

Anna Krüger ruft
Richard Beck an.

1. Lesen Sie bitte alle möglichen korrekten
   Kombinationen für Eröffnungen eines deutschen
   Telefongesprächs! Lesen Sie bitte laut und mit
   verschiedenen Rollen (Krüger, Beck)!

Richard Beck nimmt den Hörer ab. Er kann sagen:	Anna Krüger kann z. B. antworten:	Nun sind schon viele verschiedene Reaktionen von Herrn Beck möglich:
¹Beck ²Richard Beck	⁷Krüger hier, Tag Herr Beck. ⁸Tag, Herr Beck, Krüger von Krüger & Krüger. ⁹Guten Tag, Krüger ist mein Name.	¹⁸Ah, die Frau Krüger. Schön, mal wieder was von Ihnen zu hören. ¹⁹Krüger? Ach ja. Wir hatten uns doch, Moment mal, wir hatten uns doch neulich getroffen bei … ²⁰Guten Tag, Frau Krüger. Was kann ich für Sie tun?
¹Beck ²Richard Beck	¹⁰Hallo Richard, ich bin's, Anna. ¹¹Grüß dich Richard, hier spricht Anna.	²¹Mensch Anna, toll mal wieder was von dir zu hören. ²²Oh Anna, na, wie geht's? ²³Anna?! ²⁴Hallo Anna, wie geht's denn so? ²⁵Ja gibt's denn das – die Anna! ²⁶Kennen wir uns?
³Bei Beck	¹²Spreche ich mit Herrn Beck, Herrn Richard Beck? ¹³Krüger. Ich hätte gern Herrn Beck gesprochen.	²⁷Moment mal bitte. Ich hole ihn. ²⁸Herr Beck ist leider nicht da. Soll ich ihm etwas ausrichten?
⁴Hallo ⁵Ja bitte ⁶Ja	¹⁴Richard, bist du das? Richard?	²⁹Ja, und wer spricht da?
	¹⁵Wer is'n da? ¹⁶Hier auch Hallo!	³⁰(Herr Beck legt auf) ³¹Hallo, wer spricht da bitte? Beck hier.
	¹⁷Rate mal, wer hier ist?	³²Ich rate nie. ³³Susi, Karin, Isolde, Mechthild oder vielleicht Anna.

Am häufigsten meldet man sich in Deutschland mit seinem
Namen (meist mit dem Familiennamen). Nur „Hallo" zu
sagen, gilt bei vielen Leuten als unhöflich.

Schnelles Ende

A: Beck.
B: Oh, Entschuldigung, da muß ich mich
   verwählt haben.

A: Beck.
B: Nicht Müller?
A: Nein, Beck, München 37 98 57.
B: Oh, Pardon. Da hab' ich die falsche
   Nummer gewählt.

2. Wann sind die beiden folgenden Dialoge möglich?

B: Hallo! K: Hallo Richard, ich bin's, Anna.	B: Hallo! K: Spreche ich mit Herrn Beck? B: Ah, die Frau Krüger.

3. Welche Teile aus dem Kasten sind in Ihrem Land gleich
oder ähnlich, welche sind bei Ihnen unmöglich, welche
nicht häufig, aber möglich?

gleich, ähnlich	selten, aber akzeptabel	unmöglich, geht nicht

4. a) Welche Telefonkonventionen fehlen
in dem Kasten, die bei Ihnen normal
sind? Wahrscheinlich sind diese in
Deutschland unüblich.

Beispiel: In England nennt man als erstes
seine Telefonnummer, wenn man den
Hörer abnimmt.

b) Beschreiben Sie bitte einem Deutschen
die Telefonkonventionen in Ihrem Land!
Welche Eröffnungen sind möglich?

G 2 Gesprächsbaukasten

Auf das Ende hinsteuern

Ich muß jetzt langsam Schluß machen.
Tut mir leid, ich muß langsam zum
    Schluß kommen.
Ich habe jetzt ein Gespräch auf der
    anderen Leitung.
Ich habe kein Kleingeld mehr, wir
    müssen gleich aufhören.
Ich glaube, das erzähl' ich dir ein
    andermal.
Das erzähl' ich dir lieber, wenn wir
    uns wieder treffen.
Telefonisch kommen wir da nicht
    mehr weiter. Ich schicke Ihnen den
    Vertragsentwurf, und dann reden
    wir weiter.
Hören wir auf, da wollen auch noch
    andere telefonieren.

Beenden

Wir hören wieder voneinander.
Wir reden ein anderes Mal weiter.
Also dann, auf Wiedersehen.
Mach's gut.
Vielen Dank für diese Information.
    Auf Wiederhören.
Ich ruf' bald wieder an.
Tschüs.

Schreiben Sie bitte kleine Telefongespräche
und spielen Sie sie dann! Sehen Sie beim
Spielen bitte in verschiedene Richtungen.
Denken Sie bitte daran: Es handelt sich um
Ferngespräche nach Deutschland! Machen
Sie es also bitte kurz, und telefonieren Sie
lieber öfter!

G 3 Sechs Eröffnungen

Sie hören jetzt sechs kurze Eröffnungen von Telefon-
gesprächen. Zwei davon sind sinnlos. Welche?

Lektion 8

A 1   Die Natur im Gedicht

 1. Hören und lesen Sie bitte das folgende
Gedicht!

> Frühling läßt sein blaues Band
> Wieder flattern durch die Lüfte;
> Süße, wohlbekannte Düfte
> Streifen ahnungsvoll das Land.
> Veilchen träumen schon,
> Wollen balde kommen.
> – Horch, von fern ein leiser Harfenton!
> Frühling, ja du bist's!
> Dich hab ich vernommen!
>
> Eduard Mörike

wohlbekannt: gut bekannt
streifen: leicht berühren
ahnungsvoll: voller Ahnung; ahnen: im
voraus fühlen
Duft: etwas riecht gut, duftet,
z. B. Veilchen

Veilchen:

horchen: versuchen, etwas zu hören
Harfenton:

Harfe

vernehmen: etwas hören

2. Welche Wörter passen zu ,Natur', ,hören', ,riechen'?
3. Welche Wörter gehören zu ,Frühling'?
4. Suchen Sie bitte einen passenden Titel für das Gedicht!
5. Lesen Sie bitte das Gedicht laut vor!

A 2   Frühling läßt sein blaues Band ...

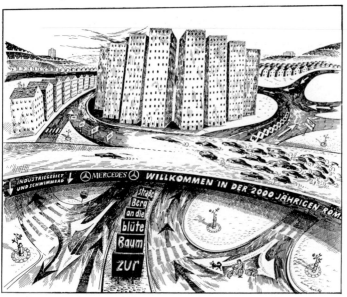

lassen	blasen
lässt	lassen
blasen	frühling
sein	blasen
lassen	lässt
blaues	lassen
blasen	sein
band	blasen
lassen	blaues
wieder	lassen
blasen	band
flattern	blasen
lassen	wieder
durch	lassen
blasen	flattern
die	blasen
lassen	Ernst Jandl
lüfte	(* 1925)

Aufgaben

1. Unterstreichen Sie bitte alle Wörter, die auch in Mörikes Gedicht vorkommen!
2. Lesen Sie bitte das Jandl-Gedicht zu zweit! Einer liest Mörikes Worte, der andere die Worte, die bei Jandl neu sind.
3. Wie finden Sie Mörikes, wie Jandls Gedicht?
4. Beschreiben Sie bitte das Bild! Warum steht über dem Bild die erste Zeile von Mörikes Gedicht?
5. Paßt das Bild zu Jandls Gedicht? Paßt es zu Mörikes Gedicht?

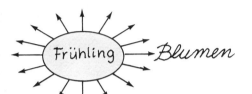

Frühling → Blumen

Was assoziieren Sie mit Frühling? A 3

Frühlings Erwachen A 4
in der Zeitung und im Lied LV

Ordnen Sie bitte die Schlagzeilen und Titel den verschiedenen Bedeutungen von **Frühling** im Lexikon zu!

Wenn der Frühling erwacht, gibt's zuhause Frühlingsputz

Frühlingserwachen auf dem Arbeitsmarkt

Weniger Kurzarbeiter · Mehr freie Stellen

Nun auch in den Bergen:

Frühlings Erwachen

Erstmals Frühlingsstimmung herrschte gestern auch im Hochschwarzwald, wie hier am Titisee.

Frühling [`fry:liŋ], der; -s, -e [spätmhd. vrüelinc, zu früh]:
1. Jahreszeit zwischen Winter und Sommer: ein zeitiger, später, warmer, milder F.; der F. kommt, naht, zieht ein, es wird F.;
2. Jugend-, Blütezeit des Lebens, Ü dichter. im Frühling des Lebens stehen; seinen zweiten F. erleben (iron. sich im reifen Alter noch einmal in eine jüngere Frau verlieben);
3. Aufschwung, Ü ökonom.: die Wirtschaft geht einem neuen F. entgegen;

Konjunktur im Frühling

Es geht aufwärts – aufwärts. Nach ein... der Unsicherheit g...

Es wird in hundert Jahren wieder so ein Frühling sein
...
Es wird in hundert Jahren wieder so ein Frühling sein, genau so schön, mein Schatz, wie heut'! Vielleicht steht dann noch unsre Bank im Sonnenschein, doch die dort sitzen, das sind and're Leut'!
...

8

B1 Die Frühlingsreise – Wetterbriefe aus Europa

Évora, den 21. März
Hier ist immer Frühling. Hier blühen
schon im Januar die Mandelbäume. Hier
reifen jetzt die Orangen an den Bäumen.
5 Immer reift etwas. Ist das nun das Paradies? Ich schrieb Ihnen schon: ich bin
nicht so sicher. Ich bin doch ein Deutscher. Es fehlt mir das herrliche Auf und
Ab der Natur, das wir im Norden, im
10 Osten im Wechsel der Jahreszeiten
erleben.

Córdoba, den 31. März
Ich bitte auf das Datum zu achten. Zehn
Tage also nach Frühlingsanfang. Tempe-
15 ratur: 16 Grad. Luftfeuchtigkeit minimal.
Das Wetter ist mild, freundlich. Wir
machen diese Frühlingsreise auf wissen-
schaftlicher Basis. Ich wollte das mit dem
Einzug des Frühlings in Europa ganz ge-
20 nau wissen. Von den Meteorologen wird
nämlich Frühling nicht nach dem
Kalender, sondern nach dem Stand der
Apfelblüte festgelegt.

San Sebastián, den 7. April
25 Eine herrliche, grüne Hügellandschaft,
die mit ihren sanften bläulichen Bergen
ans Allgäu erinnert. Man könnte auch
sagen: Ein Schwaben-Idyll in Spanien.
Ich war fasziniert. Ich war hingerissen.
30 Da standen Apfelbäume. Du wirst es
nicht glauben: Sie blühten – spanisch.

Oberrotweil am Kaiserstuhl, den 30. April
Der Frühling: Sie belehrten mich, daß er
ein Wandervogel sei, ziemlich unzuver-
35 lässig, ein Luftikus – fast wie ich. Ich
erfuhr, daß ich all meine kindlichen
Vorstellungen von Maiglöckchen, Tulpen
und Forsythienblüten begraben müsse. Es

wurde mir beschieden, daß allein die
Tage des mittleren Beginns der Apfel- 40
blüte maßgeblich sind. Der Apfel beginne
in Europa am 21. März in Algarve zu
blühen. Der Frühling eile nicht. Er rase
nicht. Er brause auch nicht, wie unsere
Dichter früher meinten. Er braucht gut 45
neunzig Tage, bis er endlich oben in
Lappland ist.
Es ist, obwohl 30. April, heute ziemlich
kühl. Es regnet. Es ist dieser ruhige deutsche Landregen, bei dem man sicher sein 50
kann: Das geht jetzt so weiter, wochenlang. Ihre Apfelkarte hatte wieder recht:
Tatsächlich blühen hier jetzt die Bäume.
Sie stehen sehr ruhig und traurig und naß
im Regen. Ich bin trotzdem glücklich. 55
Ich bin eben ein Deutscher, ein hoff-
nungsloser Germane. Ich meine: Im
Grunde geht nichts über den Wechsel der
Jahreszeiten bei uns.

Helsinki, den 2. Juni 60
Ich bin also gestern nach Helsinki
geflogen. Und als die Maschine zur
Landung ansetzte – was sah ich,
einschwebend in diese friedliche und
menschenfreundliche Stadt? Es standen 65
Apfelbäume im Vorfeld des Flughafens.
Wir schreiben heute den 2. Juni. Sie
wissen, was das bedeutet? Es ist Frühling! Es wird jetzt licht und bunt im
hohen Norden. Skandinavien erwacht. 70
Der Tod ist auch hier besiegt.

Horst Krüger (* 1919)

B2 Aufgaben

Geben Sie bitte bei den Antworten auf die folgenden Fragen,
wenn möglich, die Stellen im Text an (z. B. Z. 5-7)!

1. Warum macht Horst Krüger die Reise durch Europa?
2. Womit vergleicht er den Frühling in San Sebastián?

3. Welche Bilder benutzt H. Krüger, um zu zeigen, daß der Frühling „unzuverlässig" ist?
4. Warum ist H. Krüger in Oberrotweil glücklich?
5. Wofür sind die Apfelbäume in Helsinki ein Symbol?
6. Warum ist der Wechsel der Jahreszeiten für H. Krüger so wichtig?
7. Was bedeutet Frühling für den Autor?
8. Beschreiben Sie bitte den Wechsel der Jahreszeiten bei Ihnen (wie viele, wann?)!
9. Verbinden Sie Gefühle mit dem Wechsel der Jahreszeiten?

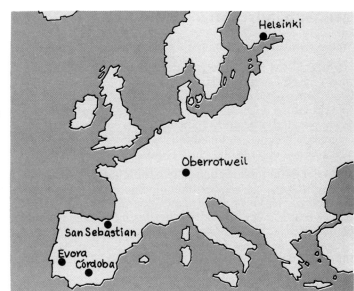

Zusammengesetzte Wörter **B 3**

Wortbildung

Substantive	der Frühling**sanfang**	= der **Anfang** des Frühlings (der Frühling fängt an)
	Reise**erzählungen**	= **Erzählungen** über Reisen
Adjektiv	eine menschen**freundliche** Stadt	= eine Stadt, die **freundlich** auf Menschen wirkt
Partizip	der oben**genannte** Titel	= der Titel, der oben **genannt** wird
Zusammengesetzte Wörter:	links: Erweiterung	rechts: Grundwort

Silbenrätsel

Bilden Sie bitte zusammengesetzte Wörter!
Beispiel: der Frühling **fängt an**
(→ der Anfang des Frühlings) → **der Frühlingsanfang**

a) ein **Mantel**, der vor Regen schützt →
b) die **Blüte** des Apfels →
c) die **Feuchtigkeit** der Luft →
d) eine **Landschaft** mit Hügeln →
e) **reich** an Wald →
f) für Sport **begeistert** →
g) die **Lust**, Reisen zu machen →
h) jemand, der zu studieren **anfängt** →

an – an – ap – be – blü –
dien – fang – fän –
fel – feuch – früh – gei – gel –
gen – ger – hü – keit – land –
lings – luft – lust – man – re –
rei – reich – schaft – se –
sport – stert – stu – te – tel –
tig – wald

C1 Was ist Landschaft? – Ein Vortrag

Meine sehr verehrten Damen und Herren!

Der Begriff Landschaft ist gar nicht so leicht zu definieren.
Zunächst gibt es da den Landschaftsbegriff, den ich „alltäglich" nennen möchte. Dieser ist leicht verständlich. Er
5 stammt aus dem emotionalen oder ästhetischen Bereich.
„Eine wunderbare Landschaft" oder „So eine langweilige
Gegend" – solche Urteile können wir oft hören, wenn das
äußere Erscheinungsbild einer Landschaft beurteilt wird.

Auch der naturwissenschaftliche Landschaftsbegriff geht
10 von optisch zu erfassenden Phänomenen aus, also vom
„Gesicht" einer Gegend. Für den Geographen bedeutet
Landschaft Teil der Erdoberfläche, dessen einzelne Kompo-
nenten in mancher Hinsicht zu vergleichen sind: Boden,
Klima, Oberflächenstruktur etc.
15 Innerhalb des Begriffs Landschaft können sodann weitere
Unterscheidungen getroffen werden:
Unter „Naturlandschaft" sind Gegenden zu verstehen, die
vom Menschen noch nicht beeinflußt sind, wie bestimmte
Teile der Wüsten oder der Polargegenden.
20 Als „Kulturlandschaft" definieren wir dagegen Land-
schaften, die bewohnbar sind und wo der Mensch in das
Landschaftsbild entscheidend eingegriffen hat, z. B. durch
Siedlungen, durch Landwirtschaft usw. ...

Aufgaben

1. Was ist charakteristisch für
   a) den alltäglichen Landschaftsbegriff
   b) den naturwissenschaftlichen Landschaftsbegriff?

2. Welche der folgenden Beschreibungen gehört zu welcher
   Kategorie?

Landschaftsbegriff		
alltäglicher	naturwissenschaftlicher	
	Naturlandschaft	Kulturlandschaft

a) Das sind ja phantastische Berge.
b) Das Dorf hat nur noch wenige Bewohner.
c) In manchen Teilen der Wüste können nur bestimmte
   Tiere überleben, nicht aber der Mensch.
d) Die schönsten Strände gibt es eben doch bei uns!
e) Dieser Teil der Wüste Gobi ist noch völlig unberührt.
f) In dieser Gegend gibt es sehr viel Industrie.

sein + zu + Infinitiv	Der Begriff ist zu definieren. = *Der Begriff muß definiert werden.* = *Man muß den Begriff definieren.*
Notwendigkeit/Möglichkeit	Der Begriff ist kaum zu definieren. = *Der Begriff kann kaum definiert werden.* = *Den Begriff kann man kaum definieren.*

Aufgaben 1. Suchen Sie bitte im Text C 1 alle Sätze mit sein + zu + Infinitiv!
2. Was bedeuten diese Schilder?

Das Rauchen
im Wald ist
zu unterlassen!

Diese Pflanzen
sind zu
schützen!

Hunde sind
an der Leine
zu führen!

Beim Berg-
wandern sind
feste Schuhe
zu tragen!

Dieser Platz
ist sauber
zu halten!

Dieses Schild
ist selber
zu machen!

3. Ist diese Landschaft
noch zu retten?

C 3 Erweiterte Nominalgruppe

Attribute (4): zu + Partizip I

das **zu erfassende** Phänomen	= das Phänomen, das zu erfassen ist = das Phänomen, das erfaßt werden **kann/muß**
das **schwer zu erfassende** Phänomen	= das Phänomen, das schwer zu erfassen ist = das Phänomen, das schwer erfaßt werden **kann**
das **unbedingt zu erfassende** Phänomen	= das Phänomen, das unbedingt zu erfassen ist = das Phänomen, das unbedingt erfaßt werden **muß**
zu + Partizip + Adjektivendung	

Notwendigkeit (müssen)	Möglichkeit (können)
notwendigerweise unbedingt auf jeden Fall ...	schwer leicht kaum schlecht ...

 Bitte ergänzen Sie!

1. Ein zu lösendes Problem ist ein Problem, _____

   Ein schwer zu lösendes Problem ist _____

2. Die zu schützende Natur ist _____

   Die unbedingt zu schützende Natur ist _____

3. Eine zu beschreibende Landschaft ist _____

   Eine schlecht zu beschreibende Landschaft ist _____

4. Die zu entscheidende Frage ist _____

   Die kaum zu entscheidende Frage _____

5. Eine zu kritisierende Theorie ist _____

   Eine leicht zu kritisierende Theorie ist _____

6. Das zu diskutierende Thema ist _____

   Das auf jeden Fall zu diskutierende Thema ist _____

Vergleichbar und unvergleichlich   C 4

leicht verständlich	= leicht zu verstehen
unvergleichlich	= nicht zu vergleichen

Bitte formen Sie um!

Beispiel:

Das Wort ist unübersetzbar.   das unübersetzbare Wort
→ Es ist nicht zu übersetzen.   → das nicht zu übersetzende Wort
→ Es kann nicht übersetzt werden.   → das Wort, das nicht übersetzt werden kann

Der Fehler ist unverzeihlich.   der unverzeihliche Fehler
→ Er ist nicht zu verzeihen.   → der nicht zu verzeihende Fehler
→ Er kann nicht verziehen werden.   → der Fehler, der nicht verziehen werden kann

1. Das Bild ist unverkäuflich.
2. ein unverwechselbares Gesicht
3. eßbares Gemüse
4. ein unerklärliches Verhalten
5. ein kaum hörbarer Ton
6. Es ist nicht feststellbar, wer der Täter war.
7. ein begreifliches Problem

Laute und Orthographie: Lange Vokale ♪

a) Sprechen Sie bitte die Wörter mit gleichen Lauten nach!

b) Suchen Sie bitte das jeweils gemeinsame Merkmal für die Wörter in den senkrechten Spalten, und tragen Sie es oben in die Tabelle ein!

	Lauttreue durch		Dehnung durch	
[a:]	Wagen	Waage	Wahl	–
[e:]	Regen	Tee	nehmen	–
[o:]	schon	Boot	wohl	–
[i:]	Tiger	–	ihm	wieder
[u:]	du	–	Stuhl	–
[ɛ:]	täglich	–	während	–
[ø:]	schön	–	Löhne	–
[y:]	süß	–	Frühling	–

Übungen

a) Stellen Sie bitte Wortlisten zu den verschiedenen langen Vokalen und den Rechtschreibmerkmalen zusammen!
Beispiel: [a:] mit aa: die Waage, Aachen, das Haar, paar, das Paar, der Saal, der Staat, staatlich

b) Erfinden Sie bitte Diktate aus Wörtern mit gleichen Lauten!
Beispiel: [y:]: Die Apfelblüte auf grünen Hügeln weckt süße Frühlingsgefühle.

D1 Zweimal Landschaft

„‚Hier gibt es keine Landschaft.' So
lautet die Kritik einer Deutschen an
Argentinien. 2 719 810 qkm Landschaftslosigkeit!
5 Später in Deutschland lernte ich, wie
für deutsche Gemüter eine Landschaft
auszusehen hat. Unentbehrliche
Elemente sind dabei Wald, Berg und
Bach, Hirsch und Hummel. Also
10 adjektivisch: grün, abwechslungsreich,
naß, lebendig (im Sinne von Tieren,
die man füttern kann), LIEBLICH!
Nein, da hatte die Deutsche recht, das
hat Buenos Aires nicht: eine Provinz
15 von 307 000 qkm flacher Pampa,
höchstens Erhebungen von einigen
hundert Metern sind da, erdige Flüsse
und viele Millionen Rinder, die die
schlechte Angewohnheit haben, nicht
20 aus der Hand fressen zu wollen. Daß
die liebliche Landschaft, Landschaft
per definitionem, von der die Deutschen reden oder träumen, eine
verbrauchte, vermenschlichte, d. h.
25 entnaturalisierte ist, wollen, können
sie nicht einsehen …"

Maite Altube-Scheuffelen

„Ich kann mir die deutsche Philosophie und die deutsche Dichtung, die
deutsche Romantik ohne die Wälder
dieses Landes nicht vorstellen, denn in
ihnen liegt etwas Metaphysisches und 5
Poetisches, um nicht zu sagen etwas
Mystisches. Ich komme aus einem
waldarmen Land; in meiner Heimat
sind Wälder knapp und kümmerlich,
ohne das Ausmaß, die Dichte, die Tie- 10
fe des deutschen Waldes und deshalb
ohne ihren Zauber. Und so wie der
deutsche Wald dieses Volk beeinflußt
hat, genauso ist die spanische Menta-
lität von dem Mangel geprägt worden. 15
Die Landschaft dringt in das Innere
der Menschen, die in diesen wüsten-
artigen, weiten Ebenen und Hoch-
ebenen wohnen, sie werden mit der
Zeit wie sie. Ich weiß, die Deutschen 20
finden diese desolate, öde Mondlandschaft aufregend, wild, exotisch, beeindruckend. Ich verstehe diese
Bewunderung, aber der Wald ist mir
zum intimsten Refugium meiner 25
Einsamkeit geworden."

Heleno Saña

1. In welchen Textstellen wird der Begriff ‚Landschaft' im alltäglichen, in welchen im naturwissenschaftlichen Sinne benutzt? Vergleichen Sie bitte mit C 1!

2. Schreiben Sie bitte die Adjektive/Partizipien heraus, die M. Altube zur Beschreibung der Landschaft verwendet! Wie werden diese Adj./Part. a) von M. Altube b) von den Deutschen beurteilt?

3. Welcher Begriff ist für M. Altube besonders wichtig, um das zu beschreiben, was die Deutschen ihrer Meinung nach unter ‚Landschaft' verstehen?

4. Beschreiben Sie bitte den Unterschied zwischen argentinischer und deutscher Landschaft! Was gibt es (nicht) in Argentinien, in Deutschland?

5. Welche Kritik hat M. Altube an der deutschen Vorstellung von ‚Landschaft'?

6. Wie beschreibt H. Saña die spanische Landschaft? Wie wird die spanische Landschaft mit deutschen Augen beurteilt?

7. Suchen Sie bitte die Begriffe heraus (Substantive, Adjektive), mit denen H. Saña die deutsche Landschaft beschreibt!

8. Wofür ist der deutsche Wald nach Meinung von H. Saña besonders wichtig, und wie wird dies begründet?

9. Wie beurteilen M. Altube und H. Saña die deutsche Landschaft? Bitte vergleichen Sie die beiden Urteile!

10. Was bedeutet für Sie ‚Landschaft'?

Was heißt hier Natur?   E 1

Aufgaben

1. Lesen Sie bitte die folgenden Stichworte und dann den Text!

2. Bringen Sie bitte die Stichworte in die richtige Reihenfolge. Teilen Sie den Text in vier Abschnitte!

3. Schreiben Sie bitte die zentralen Begriffe der einzelnen Abschnitte heraus!

Reihenfolge   Zeilen

Natürlich gibt es Natur

Naturwissenschaftler als Umweltschützer

Die Flucht in die unberührte Natur

Zwei Naturbegriffe

Streitfrage

Was heißt hier Natur?

Das Verständnis von Natur schließt den Bedeutungswandel des Naturbegriffes ein.

„Natürlich gibt es Natur", sagte kürzlich jemand. Natürlich – das heißt in der Umgangssprache soviel wie selbstverständlich. Also kann man den Satz auch so über-
5 setzen: Selbstverständlich gibt es das Selbstverständliche. Aber: Wenn unter Natur das zu verstehen ist, was unabhängig vom Tun des Menschen existiert, dann können Garten, Wiese, Wald und Feld nicht als Natur
10 gelten. Und nicht einmal die fernste Wüsten- oder Hochgebirgsregion ist völlig unberührt von menschlicher Arbeit. Im Zeitalter der Romantik entstand das Ideal der vom Menschen unberührten Natur. Es
15 entwickelte sich als Gegenbild zu einer die Natur mehr und mehr ausbeutenden Ökonomie, die die Produktion schrankenlos erweitern wollte. Die nicht beherrschte, „wilde" Natur wurde zum Asyl für den
20 sonntags aus der Welt der Arbeit fliehenden Menschen. Mit der Trennung der Welt der

Arbeit von der Freizeitwelt entwickelten sich im 19. Jahrhundert zugleich zwei zu unterscheidende Naturvorstellungen. Auf der einen Seite stand der Naturbegriff der exakten Wissenschaften. Er behauptete von sich, objektiv, d. h. wahr zu sein. Demgegenüber steht ein idealer Begriff von Natur, der die Tradition von Aufklärung und Romantik fortsetzt. In dessen Zentrum stehen die Begriffe Emanzipation und Zivilisationskritik. Diese Naturvorstellung gilt als stärker subjektiv. Allerdings gibt es in der letzten Zeit immer mehr politisch denkende Naturwissenschaftler, die den Natur- und Umweltschutz massiv unterstützen. Sie vertreten damit auch den subjektiven Begriff von Natur. Natur hier und heute? Natürlich gibt es sie auch heute. Nur, was darunter zu verstehen ist, ist alles andere als selbstverständlich.

Nach B. Wormbs

E 2 Erweiterte Nominalgruppe

Attribute (5): links

Bezugswort	
die menschliche Arbeit	Adjektiv
fliehende Menschen	Partizip I
zu unterscheidende Naturvorstellungen	zu + Partizip I
die vom Menschen unberührte Natur	Partizip/Adjektiv
für die Gesundheit nützliche Pflanzen	mit Erweiterungen

Lesestrategie: ein in Bonn veröffentlichtes Buch

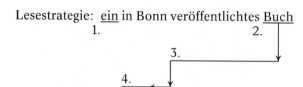

Aufgaben

Unterstreichen Sie bitte in den folgenden Nominalgruppen das Bezugswort!
Lesen Sie bitte von rechts nach links!

a) für die Landschaft unentbehrliche Elemente
b) eine für deutsche Augen liebliche Landschaft
c) das durch den Menschen entnaturalisierte Land
d) der in einem Verlag arbeitende Geograph
e) ohne menschlichen Einfluß existierende Gegenden
f) eine nur für bestimmte Tiere geeignete Region

Nominalgruppe (5): erweitert

Ein vor zwei Jahren in Bonn veröffentlichtes <u>Buch</u> über das Waldsterben hat gezeigt, daß
[   ] 1. Subjekt

2. = Kern   3. worüber?

4. Partizip II

5. wann?   wo?

Analyseschritte:
1. Identifizieren Sie die ganze Nominalgruppe: *Subjekt oder Ergänzung oder Angabe*
2. Identifizieren Sie den Kern: Artikel (falls vorhanden) und Bezugswort
3. Lesen Sie das Attribut rechts: *ein Buch worüber?*
4. Identifizieren Sie das Attribut links: *was ist mit dem Buch geschehen?*
5. Und seine Erweiterungen: veröffentlicht: *wo und wann?*

---

1. Analysieren Sie bitte!

a) Er traf einen in einem Lexikonverlag arbeitenden Geographen mit Namen Paul Meier.

b) Ein von einem jungen Mann gesungenes Lied über die Liebe ging um die ganze Welt.

c) In unserer Bibliothek fehlt das im letzten Jahrhundert begonnene Wörterbuch der Brüder Grimm.

d) Der Friedenskongreß fand in einer im Zweiten Weltkrieg zerstörten Stadt an der Grenze zu Frankreich statt.

e) In den Alpen gelegene Städte mit weniger als 10 000 Einwohnern haben Probleme mit dem Tourismus.

f) In dieser Lektion findet man von Horst Krüger geschriebene Wetterbriefe über den Frühlingsbeginn in Europa.

2. Unterstreichen Sie bitte die erweiterten Nominalgruppen in E1, und analysieren Sie sie!

F1 Deutsche Stimmen zum Thema „Natur" und „Naturschutz"

Hören Sie bitte die folgenden sechs Interviews zweimal (das zweite Mal mit Pausen)! Beantworten Sie bitte beim ersten Hören besonders die Frage, ob die Personen sich in ihrer Freizeit für die Natur interessieren (ja/nein/nicht eindeutig zuzuordnen = ?). Beim zweiten Hören achten Sie bitte auf die anderen Fragen: wann, wo, warum!

	ja	nein	?	wann	wo	warum
1						
2						
3						
4						
5						
6						

Hören Sie sich bitte das letzte Interview noch einmal an!

a) Bringt der Mann Argumente für oder gegen den Naturschutz?
b) Welchen Zusammenhang sieht der Mann zwischen Naturschutz und Arbeitsplätzen?

F2 Diskussion

Bereiten Sie bitte eine Diskussion zum Thema „Natur und Freizeit, Naturschutz" in Ihrem Land vor!
Machen Sie Interviews mit anderen Sprachkursteilnehmern!

G Natürliches im Sprichwort

Ordnen Sie bitte die folgenden Sprichwörter den Zeichnungen zu!

1. Der Apfel fällt nicht weit vom Stamm.
2. Wenn es dem Esel zu wohl ist, tanzt er auf dem Eis.
3. Wenn die Katze das Haus verläßt, tanzen die Mäuse.
4. Den letzten beißen die Hunde.
5. Die großen Fische fressen die kleinen.
6. Ein blindes Huhn findet auch mal ein Korn.

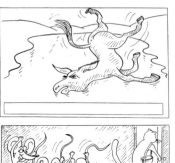

Lektion 9

Edgar Reitz und Peter Steinbach

HEIMAT

Eine deutsche Chronik

GRENO Nördlingen

Ein Kinoereignis, das alle Grenzen sprengt

Dies war ein Kinoereignis ganz besonderer Art: Eine Familien- und Geschichtschronik aus dem Hunsrück in elf Teilen, fast 16 Stunden oder zwei ganze Kinotage lang, ursprünglich fürs Fernsehen geschrieben und inszeniert...
Aber was ist denn nun Besonderes an dieser Familiensaga aus dem Hunsrück, die da vor dem Hintergrund deutscher Geschichte 1919 bis 1982 abläuft.... Dergleichen hat man hundertmal gesehen und gelesen: eine sehr typisch deutsche Geschichte von drei Generationen, die sechs Mal eine angeblich neue Zeit erleben: Nachkriegszeit I, Nationalsozialismus, Krieg, Nachkriegszeit II, Wirtschaftswunder, Studentenrevolte ... (P.Buchka in SZ 03.07.84)

"Geh über die Dörfer!"
...
Die "Heimat"-Serie von Edgar Reitz schreibt Geschichte, wie sich die neue "Heimatkunde" das wünscht: nicht von oben her, aus der Sicht amtlicher Akten, sondern "von unten", als Kulturgeschichte des Alltags der kleinen Leute. Der Reitz-Film betreibt Spurensicherung und Lokalhistorie, sein Material sind Privatbriefe, Familien-Photoalben, mündliche Erzählungen von Überlebenden. Sein Stoff ist die kollektive Erinnerung einer Region.
... (Spiegel Nr.40/1984, Titelgeschichte!)

DER SPIEGEL

Reitz-Darstellerin Marita Breuer

Sehnsucht nach Heimat

Kaiserreich — Weimarer Republik — 3.Reich — Nachkriegszeit Bundesrepublik Deutschland/ DDR — Wiedervereinigung BRD/DDR

| 18 | 70 | 18 | 80 | 18 | 90 | 19 | 00 | 19 | 10 | 19 | 20 | 19 | 30 | 19 | 40 | 19 | 50 | 19 | 60 | 19 | 70 | 19 | 80 | 19 | 90 |

1.Weltkrieg   2.Weltkrieg

A1 Aus dem Drehbuch „Heimat"

34
Kriegerdenkmal vor der Kirche

Festredner: Meine lieben hier Versammelten! Die hier Eingemeißelten, sie wußten, wofür sie kämpften. ... wir Deutsche, die wir noch Ideale haben, wir sollten für die Herbeiführung besserer Zeiten wirken. Wir sollten kämpfen für Recht und Treue und Sittlichkeit im Namen unserer Gefallenen.

Der Redner macht eine Kunstpause.

Eines Tages wird Deutschland den Genius aus seinem Blut erwecken wie ein Heiland

Der Pfarrer nickt seit dem Wort Heiland immer wieder.

... dann wird der Friede kommen, ein Friede, wie er notwendig ist für eine starke Zukunft des Reiches ...

Die Dorfbewohner haben bei diesen Worten völlig leere Gesichter.

... und der den Gang der Weltgeschichte beeinflussen wird. Unsere Lieben sind nicht vergeblich gefallen. Verneigen wir uns stumm vor ihnen.

Die Feuerwehrkapelle intoniert: ICH HATT' EINEN KAMERADEN ...

vergeblich = umsonst
intoniert = spielt
fallen = im Krieg sterben

Aufgaben

1. Was bedeutet „die hier Eingemeißelten"?
   a) die Leute, die gestorben sind
   b) die Leute, die im Krieg gefallen sind und deren Namen auf dem Denkmal stehen
   c) die Leute, die die Rede hören

2. Wann wurde diese Rede gehalten?
   a) im Ersten Weltkrieg
   b) im Zweiten Weltkrieg
   c) zwischen den beiden Weltkriegen

3. Gab/gibt es in Ihrem Land Situationen, bei denen solche Reden gehalten wurden/werden?
   Wenn ja, beschreiben Sie bitte diese Situationen (wann, wo, wer spricht, mit/ohne Musik etc.).

Inflation und Arbeitslosigkeit in der Weimarer Republik   A 2

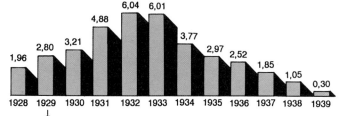

Die Entwicklung der Arbeitslosigkeit in Deutschland 1928–1939 (in Mio. Menschen)

Das Elend der Inflation

<⊲Ein US-Dollar kostete:

1. Juli 1914	4,20 Reichsmark
Dezember 1918	8,--
Mai 1921	62,75
Sommer 1921	100,--
Sommer 1922	500,--
November 1922	6 000,--
Januar 1923	10 500,--
Februar 1923	40 000,--
Juni 1923	150 000,--
15. November 1923	1 260 Milliarden
20. November 1923	4 200 Milliarden
danach:	4,20 Rentenmark

▽ Am 5. November 1923 kosteten in Berlin:

	Papier-mark	Gold-mark
1 kg Roggenbrot	78 Mrd.	0,78
1 kg Kartoffeln	6,4 Mrd.	0,06
1 kg Rindfleisch	240 Mrd.	2,40
1 kg Butter	420 Mrd.	4,20
10 km Eisenbahnfahrt	172 Mrd.	0,33
1 Fahrschein der Straßen-bahn	10 Mrd.	0,08
1 Inlands-Brief	1 Mrd.	0,01

Aufgaben

1. Wann war in Deutschland die Inflation, wann war die Arbeitslosigkeit am höchsten?

2. Am 24. 10. 1929 (Black Friday) begann die Weltwirtschaftskrise.
   a) Beschreiben Sie bitte die Entwicklung der Arbeitslosigkeit in Deutschland!
   b) Hatte dieses Datum Einfluß auf die wirtschaftliche und politische Entwicklung in Ihrem Land? Bitte berichten Sie!

Projekt   A 3

Welche wirtschaftliche Entwicklung gab es in Ihrem Land nach dem Ersten Weltkrieg (Arbeitslosigkeit, Inflation etc.)? Bitte diskutieren Sie in Gruppen!

Benutzen Sie Hilfsmittel (Geschichtsbücher, Lexika etc.)! Schreiben Sie einen kleinen Bericht, oder machen Sie eine Statistik!

je – desto   A 4

Bilden Sie bitte kurze Ausdrücke!

Beispiel: Je später, desto verrückter.

später   teurer   länger   älter   besser
lauter   lieber   verrückter   schöner   interessierter

A 5   Die „Goldenen Zwanziger" in Berlin

Einwohner: 4 Millionen
Tageszeitungen: 149
(im Jahre 1930)
Kinos: 317

BERLIN

Kabaretts, Varietees: 166
Theater: 49
Schauspieler: 7000
Filmgesellschaften: 37

Aufgaben

1. Sehen Sie sich die Bilder an! Versuchen Sie bitte, sie zu beschreiben:
   – Ort
   – Stimmung
   – Kleidung
   – Stil
   – ...

2. Ordnen Sie bitte zu! Welches Bild paßt Ihrer Meinung nach zu welcher Textzeile?

a) Berlin – Die Symphonie einer Großstadt
b) Agnes Straub als Lady Macbeth
c) Die Blume von Hawaii, Berlin, Metropoltheater, 1931
d) Die Zauberflöte, Berlin, Krolloper, 1929

e) „Ich hab' für dich 'nen Blumentopf bestellt", sangen die Comedian Harmonists, und das Publikum sang mit.
f) Tiller-Girls, Berlin, Wintergarten, 1929, Programmheft

3. Vergleichen Sie bitte Ihr Ergebnis mit den Lösungen:

f	e	c	b	a	d
6	5	4	3	2	1

4. Die Bilder sind aus der Zeit der „Goldene Zwanziger Jahre" in Berlin. Warum werden diese Jahre so genannt?

Ich hab' für dich 'nen Blumentopf bestellt A 6

1. Hören Sie bitte den/das/die _____ nur einmal!
   Es macht nichts, wenn Sie den Text nicht verstehen.
   Was ist das? Wie nennen Sie das in Ihrer Sprache?
   Schlagen Sie dieses Wort bitte im Wörterbuch nach,
   und übersetzen Sie es ins Deutsche!

2. Welche Stimmung wird vermittelt?

3. Hören Sie nun bitte ein zweites Mal zu!
   Achten Sie auf den Text! Es macht nichts, wenn Sie die
   einzelnen Wörter nicht verstehen. Schreiben Sie nur auf,
   in welcher Reihenfolge die folgenden Absätze vorkommen!

a) Ich hab' für dich 'nen Blumentopf, 'nen Blumentopf bestellt
   und hoff', daß dir der Blumentopf, der Blumentopf jefällt.
   Es ist der schönste Blumentopf, der schönste auf der Welt,
   drum jieß mir meinen Blumentopf, daß er sich lange hält!   ☐ ☐ ☐ ☐

(jefällt = berlinerisch für „gefällt"; jieß = berlinerisch für „gieß")

b) Eines Abends wutentbrannt,   ☐
   vom Kopf bis zu der Zehe,
   schrie die Holde: „Sei bedankt,
   lieber Freund, ich gehe!"

e) Mein Schatz ist durchgegangen,   ☐
   mein Schatz ist durchgegangen,
   behüt dich Gott, es wär so schön gewesen,
   behüt dich Gott.

c) Emil war in Lieb' entflammt   1.
   vom Scheitel bis zur Sohle,
   und sein armes Herze brannt
   glühend wie 'ne Kohle …

f) Doch da's ihm an Gold gebrach   ☐
   zu schenken Nerz und Zobel,
   er zu seiner Holden sprach,
   einfach aber nobel:

d) Rosen, Tulpen, Nelken,   ☐
   alle Blumen welken

g) Und den Worten folgt die Tat   ☐
   Emil stand bekümmert,
   und er wußt' sich keinen Rat
   hat bloß leis gewimmert:

4. Jetzt haben Sie „es" zweimal gehört: Was
   für eine Stimmung vermittelt es Ihnen
   jetzt? Dieselbe? Eine andere?

5. Nun reicht's! Aber Sie können „es"
   natürlich so oft hören, wie Sie wollen.
   Oder sogar singen. Den Text haben Sie ja
   jetzt.

In nur sieben Jahren haben die „Comedian Harmonists" ein Kapitel deutscher Unterhaltungsmusik geschrieben, das durch seinen swingen-
den, oft rührseligen Ton bis heute unvergessen
ist. Mit ihrem unvergleichlichen Singstil haben
sie ihre eigene Identität geschaffen, ihren ganz
persönlichen „Sound" kreiert.
1935 verboten, wurden die „Comedian Harmonists" bereits zu Lebzeiten eine Legende, die bis
heute erhalten geblieben ist – nicht zuletzt
durch ihre Schallplatten, die vor wenigen Jahren neu veröffentlicht worden sind.   LA

131

B1 Aus dem Drehbuch „Heimat"

149

Nazi: ... wir Nationalsozialisten, wir sind die Ausnahme von der Regel.

Nazi (fortfahrend): ... wir wollen nicht nur die Machtübernahme – wir wollen die Erziehung des Menschen zur Ordnung nach innen ... als die Vorbedingung für die Entfaltung der Kraft nach außen ...

318 Gute Stube – Ferntrauung

Eine riesige Tafel mitten im Zimmer – festlich gedeckt mit vielen Blumen darauf.

Wilfried: Was machst du denn – Kath?

Katharina: Hier denkt keiner an unseren Anton. Der ist schließlich der Bräutigam und ist an der Front, wo er hungert und friert.
Ich schick ihm den Kuchen mit der Feldpost.

Wilfried: Unsere Jungs an der Front hungern nicht – und frieren tun sie auch nicht. Du hast keine Ahnung.

Katharina: Und sie sterben auch nicht – haste *das* gemeint? Das reine Vergnügen ist das – an der Front.

Martha, die Braut wird auf den Ehrenplatz in der Mitte gesetzt.
Der Stuhl neben ihr bleibt frei.

Wilfried: Katharina – ich han ein Telefongespräch auf die Krim angemeldet.

Katharina: Und dann will ich mit ihm sprechen und ihn fragen, ob er hungert und friert.

323
Schule in einem russischen Dorf

Der Klassenraum ist dekoriert und gleicht einem improvisierten Filmstudio.
Anton sitzt an einem Tisch umgeben von seinen Kameraden von der Propaganda-Kompanie.
Der Platz neben Anton ist symbolisch freigelassen für die Braut. Dahinter an der Wand hängt ein Bild des „Führers".
Vor Anton steht ein Feldtelefon.

Martha (Off): Anton, deine ganze Familie sitzt hier und keiner sagt ein Wort.
Wir warten.
Und deine Mutter ist so lieb zu mir.

Anton kommen jetzt fast die Tränen. Er hat ganz vergessen, daß die Kameras laufen.

Aufgaben

1. Zu Szene 149: Welchen Lebensbereich halten die Nazis für besonders wichtig?
2. Zu den Szenen 318 und 323:
   a) Wer heiratet wen?
   b) Wo befinden sich Braut und Bräutigam?
   c) Die Stühle neben Braut und Bräutigam bleiben frei. Warum?
   d) Wie denkt sich Katharina das Leben der Soldaten im Krieg?
   e) Wo befindet sich der Bräutigam?
   f) Warum wird die Ferntrauung von der Propagandakompanie gefilmt?

Wenn jeder eine Blume pflanzte   B 2

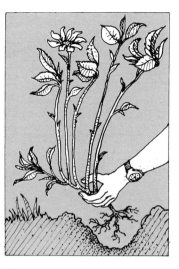

Wenn jeder eine Blume pflanzte,
jeder Mensch auf dieser Welt,
und, anstatt zu schießen, tanzte
und mit Lächeln zahlte statt mit Geld –
5 wenn ein jeder einen andern wärmte,
keiner mehr von seiner Stärke schwärmte,
keiner mehr den andern schlüge,
keiner sich verstrickte in der Lüge,
wenn die Alten wie die Kinder würden,
10 sie sich teilten in den Bürden,
wenn dies WENN sich leben ließ,
wär's noch lang kein Paradies –
bloß die Menschenzeit hätt' angefangen,
die in Streit und Krieg uns beinah ist vergangen.

Peter Härtling

Aufgaben

1. Welche Äußerungen (z. B. eine Blume pflanzen) passen Ihrer Meinung nach zu *Krieg – Menschenzeit – Paradies*?
2. Ergänzen Sie Ihre Liste mit eigenen Ideen!
   Beispiel: genug zu essen für alle
3. Das Gedicht besteht aus einem langen Satz. Wo beginnt der Hauptsatz?
4. In welchen Zeilen kann man die folgenden Wörter ergänzen: *wenn, wenn jeder, dann*?
   Beispiel: Zeile 3: Und wenn jeder, anstatt zu schießen, tanzte

Konjunktiv II   B 3

1. Ergänzen Sie bitte die folgende Tabelle mit den Verben aus dem Gedicht von P. Härtling! Bei welchen Verben sind die Formen von Präteritum und Konjunktiv II gleich? Bei welchen sind sie verschieden? Unterstreichen Sie bitte die Unterschiede der Konjunktiv-II-Formen!

Konjunktiv II (2): Formen

Infinitiv	3. P. Sg. Präteritum		3. P. Sg. Konjunktiv II
pflanzen	er pflanzte	=	wenn jeder pflanzte
schlagen	er schlug	≠	wenn keiner schl**üge**
lassen	er ließ	≠	wenn man ließ**e**

2. Welche Verben unterscheiden Präteritum und Konjunktiv II? Welche nicht?
   Beispiele: geben, kommen, gehen, wissen, können, müssen, dürfen … machen, fragen, wollen, sollen …
3. Welche Wünsche, Träume, Utopien haben Sie?
   Wenn ich … wäre, hätte, könnte, würde ich …

B4 Bedingungssätze (1)

(1)	Indikativ	Wenn alle wollen, gibt es keinen Krieg.	möglich
(2)	Konj. II	Wenn alle wollten, gäbe es keinen Krieg. würde es keinen Krieg geben.	
(3)		Wenn alle gewollt hätten, hätte es keinen Krieg gegeben.	unmöglich

(1) und (2)	Die Realisierung des Hauptsatzes hängt von der Bedingung des Nebensatzes ab.
(3)	Der Konjunktiv des Plusquamperfekts bezeichnet etwas, was sich nicht mehr realisieren läßt.

Übung: Bilden Sie bitte Bedingungssätze mit Konjunktiv II!

Beispiel: (**möglich**)━━━━━━┿━━━━━━(**unmöglich**)

Wenn kein Soldat in den Krieg zieht, gibt es keinen Krieg.	Wenn kein Soldat in den Krieg zöge/ziehen würde, gäbe es keinen Krieg.	Wenn kein Soldat in den Krieg gezogen wäre, hätte es keinen Krieg gegeben.

1. Wenn der Geschäftspartner die fremden Sitten kennt, gibt es keine Mißverständnisse.
2. Wenn die Industrie sauber produziert, ist die Luftverschmutzung kein Problem.
3. Wenn die Touristin Deutsch kann, braucht sie in Österreich keinen Dolmetscher.
4. Wenn man internationale Sportveranstaltungen fördert, baut man Vorurteile ab.
5. Wenn man Reis anbaut, haben die Bauern Arbeit.
6. Wenn der Student Angst vor Fehlern hat, kann er an der Diskussion nicht teilnehmen.

B5 Die Bücherverbrennung am 10. Mai 1933

Das war ein Vorspiel nur, dort wo man Bücher verbrennt, verbrennt man auch am Ende Menschen (Heinrich Heine, „Almansor")

Das Ergebnis von 12 Jahren nationalsozialistischer Herrschaft mit 6 Jahren Zweiter Weltkrieg: 50–60 Millionen Tote

	Getötete Soldaten	Getötete Zivilisten
Frankreich	340 000	470 000
Deutschland	3 750 000	3 000 000
Italien	330 000	80 000
Japan	1 200 000	600 000
Großbr.	440 000	62 000
Polen	320 000	über 5 000 000
Jugoslawien	41 000	1 280 000
USA	300 000	–
UdSSR	13 600 000	über 7 000 000

Gleich 1933 wandten sich die Nationalsozialisten gegen weltbekannte Intellektuelle, z. B. gegen Karl Marx, Heinrich Mann, Sigmund Freud, Kurt Tucholsky und Carl von Ossietzky.

6 Millionen Juden ermordet

Versuchen Sie bitte, die folgenden Sätze zu ergänzen! Sie finden die fehlenden Informationen im Text von Erich Kästner.

Bei Verbrennung meiner Bücher

Im Jahre 1933 wurden meine Bücher in Berlin, auf dem großen Platz neben der Staatsoper, von einem gewissen Herrn Goebbels mit düster-feierlichem Pomp verbrannt. Vierundzwanzig deutsche Schriftsteller, die symbolisch für immer ausgetilgt werden sollten, rief er triumphierend bei Namen. Ich war der einzige der Vierundzwanzig, der persönlich erschienen war, um dieser theatralischen Frechheit beizuwohnen. ...
Plötzlich rief eine schrille Frauenstimme: „Dort steht ja der Kästner!"
Mir wurde unbehaglich zumute. Doch es geschah nichts. (Obwohl in diesen Tagen gerade sehr viel zu ‚geschehen' pflegte.) Die Bücher flogen weiter ins Feuer.
– Es ist ein merkwürdiges Gefühl, ein verbotener Schriftsteller zu sein und seine Bücher nie mehr in den Regalen und Schaufenstern der Buchläden zu sehen. In keiner Stadt des Vaterlands.
Es hat zwölf Jahre gedauert, bis das Dritte Reich am Ende war. Zwölf Jahre haben genügt, Deutschland zugrunde zu richten. Und man war kein Prophet, wenn man, in satirischen Strophen, diese und ähnliche Ereignisse voraussagte.

Nächtliche Feuer jeder Art waren bei den Nazis beliebt, weil sie in der Dunkelheit bei den Menschen eine besondere Stimmung schaffen. Daher organisierten nationalsozialistische Gruppen der Universität ...

Von den ‚undeutschen' Schriftstellern war nur Kästner ...

Kästner bekam Angst, denn ...

Erich Kästner mußte nicht ins Exil gehen, aber ...

Er hat damals schon über die Zukunft Deutschlands gesagt, daß ...

Bedingungssätze (2): Stellung des Verbs B 6

I	II	
Wenn er das gewußt hätte, *dann*	wäre	er nicht dafür gewesen.
Hätte er das gewußt, *so*	wäre	er nicht dafür gewesen.

Die Bedeutung der beiden Sätze (1) (2) ist gleich.
Der Nebensatz ohne Subjunktor beginnt mit dem konjugierten Verb (V oder V$_1$) (2); *dann* und *so* können wegfallen.

Übung: Formen Sie bitte die folgenden Sätze um!

1. Wenn 1914 eine andere Politik gemacht worden wäre, hätte es den Ersten Weltkrieg vielleicht nicht gegeben.
2. Wenn es in der Weimarer Republik nicht so viele Probleme gegeben hätte, hätten die Menschen vielleicht mehr an die Republik geglaubt.
3. Wenn die Nationalsozialisten nicht an die Regierung gekommen wären, dann hätte es wahrscheinlich keinen Zweiten Weltkrieg gegeben.
4. Wenn der Zweite Weltkrieg nicht stattgefunden hätte, dann hätte es wahrscheinlich nicht zwei deutsche Staaten gegeben.

1933–1945 B 7

1. Beschreiben Sie bitte, welches Bild vom Deutschland dieser Zeit man in Ihrem Land hat und woher diese Informationen kommen!
2. Was erfahren Sie in dieser Lektion über diese Zeit?
Vergleichen Sie bitte! Sie könnten z. B. eine Wandzeitung machen.

C1 Aus dem Drehbuch „Heimat" (1945–1948)

383 Haus Simon – Schlafkammer

Katharina: Jetzt sitze mir schon fuffzig Jahr jeden Abend nebenanner im Bett ... als ob das gar net wahr wär, daß zweimal Krieg gewese is inzwischen. Und mer lebe all noch ... Mathias, is das net komisch, daß mir all noch lebe?
Wenn die Kinner jetzt klug sin – da könne sie ganz von vorn anfange un alles besser mache.
So, wie et noch nie war, Mathias.

386 Haus Simon – Flur und Wohnküche

Paul: Tach – Vatter! Ich bins – der Paul!
Mathias: Ei, ja ..., du bist es ... haste ein' Amizigarett?
Paul: Nee, Vatter, ich rauch doch net.
Mathias: Aber – du kimmst doch aus Amerika?

Paul nimmt sich einen Stuhl und setzt sich in Hut und Mantel vor den Vater hin.

Paul: Ja – Vatter, direkt mit dem Schiff ... geradewegs, aus *Amerika!*
Mathias: Die habe de Krieg gewonne.
Paul: Ja!

Beide schweigen.

Mathias: Erzähle mal e bißche von Amerika ... is dat wahr, gibts da wirklich so viel zu esse?
Paul: Ja – das ist kein Problem.

392 Haus Simon – Wohnküche

Lucie: Also, weißt du, also 1934, da warst du ja noch nich aktuell für uns, wenn ick det mal so sagen darf. Also, da hatten wir den Rosenberg, den Frick und den Ley vier Stunden im Haus ... weißt du, wir hatten ja alle keene Ahnung was für Mörder det waren, was für Verbrecher da auf unsere Stühle saßen.

Sie schaut sich in der Küche um.

Stimmts, hab ick recht?
Wir ham ja keine Ahnung gehabt, was wir da für Mördern die Hand jeschüttelt ham – nich wahr Mutter, det ham wa doch nich jewußt.

Aufgaben

1. Hören und lesen Sie den Drehbuchtext bitte gleichzeitig!
2. Zu welchen Zeilen im Drehbuch passen die folgenden Sätze:
   a) Die jungen Menschen haben die Chance eines Neuanfangs.
   b) Sie sagte, daß sie nicht wußte, was die Nationalsozialisten planten.

1. Welche Besatzungsgebiete wurden 1949 Bundesrepublik Deutschland und Deutsche Demokratische Republik? Vergleichen Sie dazu bitte diese Karte mit einer Mitteleuropakarte von heute (z. B. in Sprachbrücke Bd. 1)!

2. Welche Probleme hatten die Menschen damals vor allem? Oft wurde das Kriegsende als „Stunde Null" bezeichnet. Erzählen Sie bitte anhand der Abbildungen! Informieren Sie sich bitte über die Situation 1945 in Ihrem Land, und vergleichen Sie!

DEUTSCHLAND UND ÖSTERREICH
1945–1949

Grenzen von 1937

Besatzungszonen:
- der UdSSR
- der USA
- Großbritanniens
- Frankreichs
- Vier-Sektoren-Städte Berlin und Wien
- unter poln. Verwaltung
- unter sowjet. Verwaltung
- Ländergrenzen Österreichs und der späteren BRD

Tausche Babybadewanne gegen Herrenanzug Größe 48. Angebote unter Nr. 299 an die Geschäftsstelle ds. Bl.

Tausche Werkzeug gegen jegliche Sommerschuhe Größe 38 1/2. Zu erfragen unter Nr. 800 bei der Geschäftsst. ds. Bl.

Die Lebensmittelrationen der 87. Zuteilungsperiode (ab 1. April 1946) in der britischen Zone für Normalverbraucher für 4 Wochen: 1b Brot: 5000 g; Nährmittel: 1000 g; Fleisch: 700 g (bisher 450 g); Fisch: 600 g; Fett: 400 g; Zucker: 500 g (bisher 375 g); Marmelade: 450 g; Käse: 62.5 g; Magermilch: 3 1/2 l (bisher etwa 2 l); Kaffee-Ersatz: 125 g (bisher 250 g).
... Die Erhöhung der Fleisch- und Zuckerration bewirkt eine Erhöhung der täglichen Kalorienzahl um etwa 40 auf 1043 für den Normalverbraucher.
»Kieler Kurier«, hgg. von den britischen Militärbehörden, 27. März 1946, S. 1.

Vergleichen Sie diese Mengen mit dem, was Sie wöchentlich verzehren!

3. „Deutschland: besiegt oder befreit?" – Wie ist die öffentliche Meinung in Ihrem Land zu diesem in deutschen Schulen behandelten Thema? Wie ist Ihre Meinung dazu?

Auf der Suche nach Nahrungsmitteln C3

◌ Könnten Sie mir für diese Silberdose Kartoffeln geben?
● Nein.
◌ Und wie wäre es mit der Silberdose und diesem Ring?

C 4 Höflichkeiten

Machen Sie bitte die folgenden Bitten höflicher! Verwenden Sie den Konjunktiv II!

Beispiel:	Ich **bin** Ihnen sehr dankbar, wenn Sie mir die schweren Bücher hierher bringen.	Ich **wäre** Ihnen sehr dankbar, wenn Sie mir die schweren Bücher hierher bringen würden.
	Sind Sie bitte so freundlich, und helfen Sie mir beim Tragen?	
	Können Sie mir bitte mal die Tür öffnen?	
	Darf ich Sie um noch einen Gefallen bitten? Rufen Sie mir doch bitte ein Taxi!	
	Ach, noch eine Bitte: **Werden** Sie mir wohl bis morgen 20 Mark leihen?	

C 5 Konjunktiv II (3): Bedeutung

Der Konjunktiv II steht

a) als Ausdruck von Höflichkeit (kein Vergangenheitstempus) ☐

b) als Ausdruck einer Möglichkeit (kein Vergangenheitstempus) ☐

c) als Hinweis auf ein Geschehen in der Vergangenheit, das aber nicht passiert ist ☐

Bitte ordnen Sie die folgenden Beispielsätze den drei obengenannten Kategorien zu!

1. Das wäre denkbar.
2. Genauso hätte man es machen müssen.
3. Dürfte ich Ihnen noch eine Frage stellen?

C 6 Nürnberg

1947 besuchte Alfred Kerr, ein Journalist, fünf Tage lang Deutschland. Lesen Sie bitte seine Notizen, und ordnen Sie seine Aussagen den Bildern zu! Benutzen Sie bitte ein Wörterbuch!

Nürnberg ... Das war eine Stadt; und ist eine Schutthalde. Das war gemütlich-bürgerlich; und ist ein Grauen. Ein Grauen ohne Tragik; nur noch was Unangenehmes. In den „Meistersingern von Nürnberg" klang es behaglich, friedvoll: „Wie duftet doch der Flieder ..." Es hat sich ausgeduftet. Irreführend wäre das Wort „Ruinen" – da denkt man immerhin an gewesene Hausungen; dies aber ist dem Staub viel näher als der billigen Vorstellung zerrissener Wände. So daß im ersten Augenblick der Gedanke nicht abwegig scheint: dies Trümmertal seinem Zustand zu überlassen – und ein neues Nürnberg nebenan zu erbauen. Sind das Wahnbilder? ... Traumideen? ... Das alte Nürnberg wäre dann eine Sehenswürdigkeit ... wie Pompeji; wie Rothenburg. Ein Pilgerziel für die Fremden.

Alfred Kerr

_____ _____ _____

_____ _____ _____

So tun als ob C 7

> Da die Deutschen das Jahr 1945 als „Zusammenbruch"
> erlebten (und nicht das Jahr 1933), das Kriegsende als
> „Stunde Null", konnte es eigentlich nur bergauf gehen.
> Sie spielten in einer totalen materiellen und geistigen
> Trümmerlandschaft nach alten Regeln weiter – als wäre
> nichts geschehen.
>
> Hellmuth Karasek

Was meint Helmuth Karasek mit dieser Aussage?

Irreale Vergleichssätze C 8

Man tut so, **als** wäre nichts geschehen. , **als ob** nichts geschehen wäre.	Etwas ist geschehen, aber man reagiert nicht darauf.

Die Sätze (1) und (2) sind synonym. **Als** und **als ob** leiten einen irrealen Vergleichssatz ein. Achten Sie bitte auf die unterschiedliche Stellung des Verbs in den beiden Sätzen!

Bilden Sie bitte irreale Vergleichssätze!

Er	so tun sich verhalten	als als ob	es ist nichts passiert ihn geht das nichts an ihn läßt das kalt ihm ist das egal ihn berührt das nicht

Beispiel: Er tut so, als ließe ihn das kalt.

D1 Aus dem Drehbuch „Heimat"

466 Gasthaus „Zur Linde"

Im Saal sind etwa 150 Bauernsöhne im Alter von etwa 14 bis 18 Jahren versammelt.
Vorne hängt ein Transparent mit dem Firmenzeichen der Simonwerke.
Anton steht auf – von seinem Platz aus beginnt er zu sprechen.

Anton: Kommt rein, setzt euch.
S'hat sich ja wohl rumgesprochen, warum ich euch eingeladen habe. Schaut mich ruhig an, ja! Ich bin hier aus Schabbach, und ich bin ein Schabbacher, und es war mir nicht in die Wiege gelegt, Erfinder und Unternehmer auf dem optischen Gebiet zu werden.
… und trotzdem hab ich einen Weg beschritten, mit dem ich aus der Tradition dieser Landschaft ausbreche.
Wir müssen umdenken. Was ich kann – könnt ihr auch!

Während der ganzen Zeit hat Anton ein Biergla in der Hand gehalten. Es ist fast leer.
Eine Kellnerin nimmt ihm das Glas einfach aus der Hand.

467

Kellnerin: Noch eins für den Anton!
Wirt: Wovon spricht er denn?
Kellnerin: Er sucht Lehrlinge!

Aufgaben

1. Warum hat Anton die jungen Leute eingeladen?
2. Was ist Anton von Beruf?
3. „Was ich kann – könnt ihr auch", was will Anton damit sagen?

D2 Die fünfziger Jahre – die Zeit des Wirtschaftswunders

1. Lesen und übersetzen Sie bitte die auf der nächsten Seite stehenden Schlagworte und Aussagen!
2. Welche passen Ihrer Meinung nach zu welchen Bildern? Schreiben Sie bitte andere Schlagworte und Aussagen, wenn diese Ihrer Meinung nach nicht passen!

3. a) Sehen Sie sich bitte zuerst die folgenden Erklärungen an:
   Capri – italienische Insel. Viele Deutsche machten dort in den 50er Jahren Urlaub.
   versinken – untergehen
   bleiche Sichel des Mondes –
   Firmament – Himmel
   das Lied erklingt – man hört das Lied
   b) Hören Sie bitte das Lied von den Capri-Fischern! Welche Schlagworte passen zu diesem Lied?
4. Paßt Karaseks Kritik aus C6 nach Ihrer Meinung zu den Bildern, den Schlagworten und dem Lied aus den 50er Jahre

3:2 – Das Wunder von Bern

Wir sind wieder wer

Das erste eigene Auto

Das Radio fährt mit

Die Freßwelle

Zu Hause ist es doch am gemütlichsten

Nach Italien

Die Reisewelle

Wiederaufbau

Fräuleinwunder

Gute Manieren bei Tisch

Man zeigt, was man hat

Nehmen Sie doch noch ein Häppchen…

Rock'n'Roll

Pack die Badehose ein

Sand, Sonne, Strand

Die Halbstarken

Urlaub – die Traumreise

Fußballweltmeisterschaft 1954 – wir haben gewonnen

Camping am See

Raus in die Natur

5. Vergleichen Sie bitte die „Goldenen Zwanziger" (A5) und die fünfziger Jahre. Sehen Sie Gemeinsamkeiten, Unterschiede?

D 3 Die Berliner Mauer

Was weißt du von der Mauer? Auf diese Frage antworteten Schüler aus Ulm. Hören Sie bitte die folgenden Äußerungen zweimal! Lösen Sie dann folgende Aufgaben:

1. Was sagen Eva, Silke, Frank und Jochen über Zweck und Folgen des Mauerbaus? Machen Sie sich bitte Notizen!

	Zweck	Folgen
Eva H. Silke T. Frank B. Jochen Sch.		

2. Was wissen Sie über die Mauer in Berlin?
3. Entsprechen die Antworten der Schüler Ihrer Meinung?
4. Wie beurteilen Sie diese Art von Grenze?

♪1 Laute und Orthographie: Kurzer Vokal und Konsonant

Wie wird ein konsonantischer Laut nach einem kurzen, offenen Vokal geschrieben? Lesen Sie bitte die Beispielwörter, und suchen Sie die Regel!

Schiff, Brücke, doppelt, denn, nutzen, Brille Butter, lassen, Stimme, Flagge, verwirren, Robbe*, Pudding
* Meerestier

kurzer, offener Vokal	b	d	f	g	k	l	m	n	p	r	s	t	z
[a], [ɛ], [ɔ], [ɪ], [ʊ], [œ], [ʏ]					◯								◯

♪2 Intonation: Bedeutung und Wortakzent

a) Sprechen Sie bitte nach, und vergleichen Sie!

Im Kino läuft „Heimat", aber dáfür will Hans kein Geld ausgeben.
Sollen wir in den Film gehen?
Anna ist dafür.

b) Suchen Sie bitte Beispiele für unterschiedliche Wortakzente/Satzakzente bei *dagegen*, *dabei* und *davor*!

Bedeutung, Wortakzent und Orthographie

a) Sprechen Sie bitte nach, und vergleichen Sie!

Hans hat Anna ein Buch geliehen. Da sie es ihm bis jetzt nicht zurückgebracht hat, will er es sich heute wíederholen.

Die Kursteilnehmer wollen die Aussspracheregeln wiederhólen.

Die Lehrerin will den interessanten Film heute wíeder hólen. Er steht in der Bibliothek.

b) Bilden Sie bitte ähnliche Kombinationen! Suchen Sie im Wörterverzeichnis oder im Wörterbuch unter *wieder-* und *zusammen-*!

In Kreuzberg fehlt ein Minarett   D 4

Wie keine andere Stadt ist Berlin auf Neubürger, also
auf Gastarbeiter und deren Familien, angewiesen.
Viele möchten bleiben, Frau und Kinder nachkommen
lassen, scheitern jedoch an den Behörden.
5 Eine Utopie entwerfen: Ich denke mir türkische, kroa-
tische, spanische, griechische Straßenzüge und Stadt-
teile. Direkt neben Schultheiss* am Fuße des Kreuz-
bergs lasse ich eine Moschee samt Minarett wachsen.
Schon in der zweiten Generation sind Türken und
10 Kroaten und Italiener geborene und gelernte Berliner.
Alle Grundrechte stehen ihnen zu. Sie wählen und
werden gewählt. Vorurteile sind nur noch Legende.
Nur Utopie?

Günter Grass

* große Bierbrauerei in Berlin

Aufgaben   1. Was ist falsch?

Ein Kroate, der
in Berlin geboren ist? ○

Ein Deutscher,
○ der in Berlin geboren ist?

Ein Türke, der in Berlin
geboren ist und dort lebt? ○

Ein Italiener, der eine
○ Reise nach Berlin macht?

geborener Berliner

gelernter Berliner

Ein Spanier,
dessen Eltern in
Berlin geboren sind? ○

○ Ein Grieche, der in Berlin
zur Schule geht?

Ein Mensch, der in Berlin ○
geboren ist?

○ Ein geborener Hamburger,
der in Berlin lebt?

2. Welche Rechte möchte Grass den „geborenen", welche
den „gelernten" Berlinern geben?
3. Stellen Sie sich die Utopie von Grass vor. Zeichnen Sie
Ihre Ideen, machen Sie eine Collage oder …

D 5 Wer hat welche Rechte?

Jeder Deutsche
JederDeutsche
Jeder Deutsche
~~Alle Deutschen~~
Alle Deutschen
Alle Deutschen
AlleDeutschen
Alle Menschen
Jeder
Niemand

7 Das Briefgeheimnis sowie das Post- und Fernmeldegeheimnis sind unverletzlich.

1 Die Freiheit der Person ist unverletzlich.

12 hat das Wahlrecht für das Parlament.

5 Alle Deutschen haben das Recht, sich zu versammeln.

11 kann ein öffentliches Amt übernehmen.

3 darf wegen seines Geschlechtes, seiner Abstammung, seiner Rasse, seiner Sprache, seiner Heimat und Herkunft, seiner religiösen oder politischen Anschauungen benachteiligt oder bevorzugt werden.

10 Die Wohnung ist unverletzlich.

13 hat das Recht, in das Parlament gewählt zu werden.

6 haben das Recht, Vereine zu bilden.

8 können sich im Bundesgebiet aufhalten, wo sie wollen.

9 haben das Recht, Beruf, Arbeitsplatz und Ausbildungsstätte frei zu wählen.

4 hat das Recht, seine Meinung frei zu äußern.

2 sind vor dem Gesetz gleich.

Aufgaben

1. Die Verfassung der Bundesrepublik Deutschland schützt den einzelnen. Welche Rechte gelten für alle Menschen, welche nur für Deutsche? Ergänzen Sie bitte!

2. Vergleichen Sie Ihre Zuordnung mit der Lösung!

3. Welche Rechte hat ein Ausländer in Ihrem Land? Welche Rechte gelten nur für Inländer?

4. Sollen „geborene" und „gelernte" Bewohner Ihres Landes alle Rechte haben?

Niemand: 3
Jeder: 4
Alle Menschen: 2
Alle Deutschen: 5, 6, 8, 9
Jeder Deutsche: 11, 12, 13

ADOLPH FREIHERR VON KNIGGE ÜBER DEN UMGANG MIT MENSCHEN

Herausgegeben von Gert Ueding
Mit Illustrationen
von Chodowiecki und anderen
insel taschenbuch

DUDEN

Die Rechtschreibung

Maßgebend in allen Zweifelsfällen

Die gültigen Regeln der deutschen Rechtschreibung. Wörterverzeichnis mit rund 110 000 Stichwörtern und mehr als 500 000 Bedeutungserklärungen, Beispielen und Angaben zur Silbentrennung, Aussprache, Grammatik und Etymologie. Richtlinien für Schriftsatz und Maschinenschreiben. Korrekturvorschriften. 19., völlig neu bearbeitete Auflage.

DIE NR. 1
DUDEN
neuen

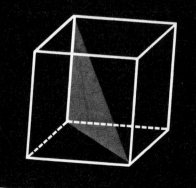

Technische Formeln für die Praxis

B-B

Bürgerliches
Gesetzbuch
BeurkundungsG
AGB-Gesetz
Wohnungseigentums-
gesetz
30. Auflage

Beck-Texte im dtv

A1 NORM – SPRACHNORM

Um feststellen zu können, was „richtig" und was „falsch" ist, braucht man einen Maßstab oder eine Regel. Diese Regeln werden im allgemeinen Normen genannt.

Normen haben sich in vielen Bereichen entwickelt. In der Politik, der Technik, der Sprache etc. Ganz selbstverständlich sind solche allgemeinen Maßstäbe in der Welt der Apparate und Maschinen; dort werden sie „technische Normen" genannt. So gibt es in der Bundesrepublik z. B. die DEUTSCHE INDUSTRIENORM (DIN). Allerdings haben viele technische Normen noch keine internationale Geltung, was z. B. für einen Reisenden zum Problem wird, wenn der Stecker seines Rasierapparates nicht in die Steckdose eines ausländischen Hotels paßt.

Am bekanntesten sind wohl die Normen, die der Staat setzt und gegen die man nicht verstoßen darf, wenn man nicht bestraft werden will. Diese Normen heißen Gesetze oder staatliche Vorschriften (z. B. die Straßenverkehrsordnung). Normen gibt es natürlich auch auf sozialem Gebiet. Wenn ein junger Mann in der Straßenbahn einer älteren Dame seinen Platz anbietet, so handelt er nach einer sozialen Norm, die man auch Konvention oder Sitte nennen kann. Die Tatsache, daß nicht alle jungen Leute so handeln, zeigt, daß die Geltung solcher sozialen Normen nicht überall und nicht von allen anerkannt ist.

Zu den sozialen Normen gehören auch die Sprachregeln, die uns sagen sollen, was sprachlich „richtig" und was „falsch" ist. Aber auch hier handelt es sich nicht um ewige Gesetze. Denn die sprachlichen Normen gelten als Regeln entweder nur eingeschränkt, oder sie verlieren nach längerer Zeit ihre Kraft und Gültigkeit. Vor allem literarische Texte und Werbetexte verstoßen oft mit Absicht gegen Sprachnormen. Da die Sprache sich als ein lebendiger Organismus fortentwickelt, stellt sich die Frage, wer diese Entwicklung beeinflußt bzw. wer festsetzt, was als „richtig" oder „falsch" zu gelten hat.

In manchen Ländern kontrollieren Akademien vor allem Grammatiken und Wörterbücher auf „Richtigkeit" und bewahren so bestehende Sprachnormen bzw. erlauben gelegentlich auch Veränderungen. In der Bundesrepublik hat die seit 1949 bestehende „Akademie für deutsche Sprache und Dichtung" keinen so großen Einfluß auf die deutsche Sprache. Früher haben sich die Sprachnormen hauptsächlich am Beispiel der großen Schriftsteller orientiert. Heute wird diese Rolle immer mehr von Radio und Fernsehen übernommen.

Wenn man wissen will, was im Deutschen zur Zeit als korrekt angesehen wird, dann schlägt man am besten im „Duden" nach. Dort wird versucht, den Stand der Sprachentwicklung zu beschreiben und dadurch die gültige Norm für korrektes Deutsch zu setzen.

> **Die Normverstösse von heute sind die Normen von morgen!**

Aufgaben
1. Welche Arten von Normen werden im Text genannt?
2. Wie werden die sprachlichen Normen charakterisiert?
3. Welche Rolle spielt heute in der Sprachnormdiskussion der Rundfunk?
4. Kennen Sie ähnliche Prozesse/Entwicklungen in Ihrer Sprache?
5. Gibt es eine Sprachakademie in Ihrem Land? Welche Rolle spielt sie?
6. Was ist der „Duden"?

Projekt **A 2**

Schreiben Sie bitte eine Liste mit Normen/Konventionen, die es in Ihrem Land gibt (soziale, technische, staatliche etc.)! Erklären Sie die sozialen Normen einem deutschen Zuhörer!

Fehler? **A 3**

Bevor ich ein Wort spreche aus
nachdenke ich gründlich darüber
Mir soll laufen unter kein Fehler
damit ich nicht falle auf
vor einem so erlesenen Publikum
als unkundiger Trottel
der sich benimmt immer daneben.

Ivan Tapia Bravo

Aus einem Schüleraufsatz zum Thema Grammatik:

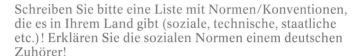

„... weil ich den Wort nicht sprechen konnte aus, habe ich viel darüber gedacht nach, was er wohl bedeutet. Nach einiger Zeit ich anrief ein Freund und sagte ihm meine Problem. Ich sagte ihm dabei auch, daß ich fallen auf würde in der Klasse, weil ich die trennbaren Verben nicht unterscheiden kann von den anderen und sie oft wechsle ver. Meine Freund anbot mir seine Hilfe und sprach mir ver, zu kommen vorbei bei mir und mir Nach= hilfestunden zu geben zu das Thema trennbare Verben ..."

Aufgaben
1. Welche Normabweichungen/Fehler aus dem Schüleraufsatz finden Sie auch im Gedicht von Ivan Tapia Bravo? Welche finden Sie nur im Schüleraufsatz?
2. Schreiben Sie bitte den Schülertext korrekt!
3. Welche Funktion haben die Normverstöße bei Ivan Tapia Bravo?

B1 Der Hamburger Sonnabend heißt in München Samstag

„Sie erinnern sich doch, ich hab' voriges Jahr einen Acht-Wochen-Sprachkurs gemacht, in Göttingen. Wissen Sie, was mir da aufgefallen ist?" beginnt Alli Alga ein Gespräch mit Frau Richter, der Dozentin am Sprachinstitut. Hören Sie nun bitte dieses Gespräch, und beantworten Sie dabei die folgende Frage:
Welche Beispiele für sprachliche Regionalismen werden für die verschiedenen Bereiche genannt?

	norddeutsch	süddeutsch (Schweiz/Österreich)
Aussprache		
Grammatik		
Orthographie		
Sonstiges		

B2 Aufgaben

1. Sind diese Sätze in der Schweiz orthographisch richtig oder falsch:
   a) Ich weiss dass nicht.
   b) Ich weiss, dass ich nichts weiss.
2. Kann man entscheiden, ob *der* Hund oder *das* Hund richtig ist?
3. Soll man als Ausländer Regionalismen lernen? Was meinen Sie?
4. Gibt es in Ihrer Sprache regionale Unterschiede in Aussprache, Grammatik oder Wortschatz? Wenn ja, nennen Sie bitte Beispiele!

B3 Ein GAUL in Wien fühlt sich so fremd wie ein ROSS in Hamburg

Aufgabe
Wie heißt das Tier in München, Berlin, Stuttgart?

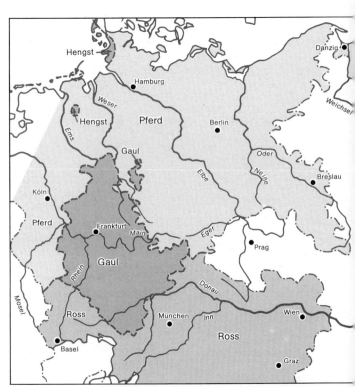

Im vorigen Winter bin ich nach Deutschland gefahren, um meine deutschen Sprachkenntnisse zu verbessern und die Deutschen kennenzulernen. Ich versuchte, mit den Deutschen Kontakt aufzunehmen. Deshalb habe ich wiederholt Deutsche eingeladen. Und jeder, den ich eingeladen hatte, aß gerne ägyptisches Essen.

Doch einmal, als ich einen Taxifahrer und seine Frau zu mir eingeladen hatte, geschah etwas Seltsames. Ich hatte mich einen halben Tag auf diese Einladung vorbereitet. Als sie um 18 Uhr kamen, war der Tisch schon gedeckt. Ich sagte: „Warum gucken Sie so? Das ist nicht zum Gucken, sondern zum Essen."

Die Frau und ich setzten uns zum Essen hin, aber der Mann wollte nicht und sagte: „Nein, danke!" Ich sagte: „Aber kommen Sie zum Essen, es wird Ihnen gut schmecken." – „Nein", wiederholte er. Dann habe ich noch einmal gebeten: „Aber probieren Sie mal!" Da sagte er ärgerlich: „Ich kann nichts essen." – „Das geht doch nicht!" sagte ich, „Sie müssen etwas essen." Da erwiderte er: „Was sind Sie für ein Mensch!" Ich dachte: Was hast du getan, daß er so ärgerlich ist? Während des Essens fragte ich die Frau, die mich anstarrte, als sei ich verrückt: „Warum will er nichts essen?" – „Ehrlich, wenn er könnte, dann hätte er gern gegessen. Wir hatten keine Ahnung, daß Sie uns zum Essen einladen würden." – „Ach, Entschuldigung", sagte ich. „Bei uns in Ägypten ist bei einer Einladung das Essen eine ganz selbstverständliche Sache. Der Gast sagt zwar aus Höflichkeit ‚Nein danke', aber damit ist nicht gemeint, daß er wirklich nicht essen will. Man soll den Gast mehrmals zum Essen auffordern, und der Gast wird immer etwas nehmen, auch dann, wenn er keinen Hunger hat, damit die anderen nicht böse auf ihn werden."

So habe ich erfahren, daß „Nein" auf Deutsch ehrlich „Nein" heißt.

Fatma Mohamed Ismail

Die wissen wohl nicht, daß wir früher essen!

Oh, vielen Dank, ich habe schon gegessen.

Bitte nehmen Sie doch zum Essen Platz!

Aufgaben 1. Suchen Sie bitte die Aufforderungen im Text!

Aufforderung	Reaktion
_____	„Nein, danke."
_____	„‚Nein', wiederholte er."
_____	„Ich kann nichts essen."
_____	„Was sind Sie für ein Mensch!"

2. Was denken die Personen? Ergänzen Sie bitte!

1. Die Autorin (Ich) sagt: „Warum gucken Sie so? Das ist nicht zum Gucken, sondern zum Essen." Die Frau des Taxifahrers denkt: _____ . Der Taxifahrer denkt: _____ . Der Taxifahrer sagt: „Nein, danke!"

2. Die Autorin denkt: _____ . Sie sagt: „Aber kommen Sie zum Essen, es wird Ihnen gut schmecken." Der Taxifahrer denkt: _____ . Er sagt: „Nein."

3. Die Autorin denkt: _____ . Sie sagt: „Aber probieren Sie mal." Der Taxifahrer denkt: _____ . Er sagt: „Ich kann nichts essen."

4. Die Autorin denkt: _____ . Sie sagt: „Das geht doch nicht. Sie müssen etwas essen." Der Taxifahrer denkt: _____ . Er sagt: „Was sind Sie für ein Mensch!"

5. Die Autorin denkt: Was habe ich getan, daß er so ärgerlich ist? Sie fragt die Frau des Taxifahrers. Die denkt: _____ . Sie sagt: „Wir hatten keine ..."

3. Machen Sie bitte aus diesem Text ein kleines Spiel für drei Personen (Autorin, Taxifahrer, Frau des Taxifahrers)!

C 2 Imperativsätze

Was drücken die Imperativsätze aus? Ordnen Sie bitte zu!

Beispiel: 1 + f

1. Meine Damen und Herren! Verzeihen Sie bitte, wenn ich heute ...
2. Fangen wir an!
3. Hören Sie bitte!
4. Gehen Sie ruhig hinein!
5. Kommen Sie mir ja nicht zu nahe!
6. Grüß Gott!

a) Aufforderung an den Hörer
b) Aufforderung, die auch für den Sprecher gilt
c) Begrüßungsform
d) Drohung
e) Erlaubnis
f) Einleitung der Rede

C 3 Aufforderungen

Könnte es sein, Liebling, daß es ein wenig zieht?

1. Sie möchten, daß jemand ein Fenster schließt.
   Sie können sagen:

	höflich	neutral	unhöflich
direkt	Können Sie bitte so freundlich sein und das Fenster schließen?	Können Sie bitte das Fenster schließen?	Machen Sie das Fenster zu!
indirekt	Könnte es sein, daß es ein wenig zieht?	Es zieht.	Merken Sie nicht, daß es zieht?

Zur Erinnerung: **mal** macht eine direkte Aufforderung freundlicher.

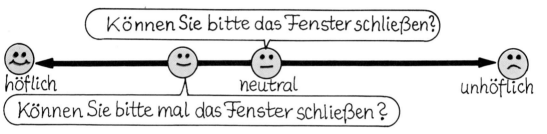

Arbeiten Sie in der Gruppe! Bilden Sie bitte nach dem Beispiel im Kasten jeweils sechs höfliche/neutrale/un-höfliche – direkte/indirekte Aufforderungen und eine Aufforderung mit **mal**:
a) Sie möchten, daß jemand für Sie ein Video-Band besorgt.
b) Sie möchten, daß jemand aufhört, Musik zu machen.

2. Würden Sie bitte so freundlich sein und sechs Beispiele für höfliche/neutrale/unhöfliche – direkte/indirekte Aufforderungen in Ihrer Sprache finden? Und wären Sie darüber hinaus vielleicht auch noch bereit, einmal zu überlegen, ob es in Ihrer Sprache eine Entsprechung zu **mal** gibt?
3. Die Aufforderung an Sie in Aufgabe 2 klingt komisch. Warum? Schreiben Sie sie bitte neu!
4. Übersetzen Sie die sechs Sätze aus dem Kasten möglichst genau in Ihre Sprache! Übersetzen Sie die sechs Sätze aus Ihrer Sprache, die Sie in Aufgabe 2 gefunden haben, möglichst genau ins Deutsche! Vergleichen Sie bitte! Was kommt in beiden Sprachen vor? Was wäre in Ihrer Sprache unmöglich?

C 4 Wer sagt es wie?

Hören Sie bitte die sechs folgenden kleinen Dialoge!
In welchem Dialog ist welche Art von Aufforderung?

	höflich	neutral	unhöflich
direkt			
indirekt			

C 5 Heißt Nein für Sie Nein?

Schreiben Sie bitte eine kurze Szene!
Entweder: Sie sind nach Deutschland gefahren und haben
ein Paar zum Essen eingeladen. Der Mann hat schon
gegessen. Wie reagieren Sie?
Oder: Sie haben in Ihrem Land einen Deutschen zum Essen
eingeladen. Er kommt und verstößt gegen einige Normen, die
bei Ihnen üblich sind. Was macht er falsch? Wie reagieren Sie?

♪ 1 Der Laut [s]: Grundregeln der Orthographie

1 Zwischen zwei Vokalen
schreibt man ____, wenn der
vorangehende Vokal kurz ist.

2 Zwischen zwei Vokalen
schreibt man ____, wenn der
vorangehende Vokal lang ist
oder ein Diphthong ist.

	am Anfang	in der Mitte	am Ende		Regel
[s]	–	ich esse Essig	–	ss	1
		wir aßen außen			2
			Fluß Fuß ich eß	ß	3
		er reißt er läßt			4
		er reist	Haus	s	4 5
	Skelett				6

3 Am Ende schreibt man ____,
wenn das Wort auch in veränderter Form einen [s]-Laut
enthält.

4 In den konjugierten Formen
von Verben mit [s]-Laut
schreibt man ____, wenn
auch der Infinitiv einen
[s]-Laut enthält.
Man schreibt ____, wenn der Infinitiv
einen [z]-Laut enthält.

5 Am Ende schreibt man ____, wenn das
Wort in veränderter Form einen
[z]-Laut enthält.

6 Wörter mit [s]-Laut am Anfang des
Wortes schreibt man mit ____.

> Niemals eß' ich Essig.
> Eß' ich Essig,
> eß' ich Essig mit Salat.

♪ 2 s, ss oder ß? Welche Regel paßt?

Mau__ (Mäuse): Regel *5*, / mü__en, Ta__e: Regel __, / er mu__te (müssen), er wu__te
(wissen): Regel __, / sie lie__t (lesen): Regel __, / Grü__e, Stra__e, drau__en:
Regel__, / Pa__ (Pässe), er ma__ (messen), er stie__ (stoßen): Regel __.

Punkt	.	Ausrufezeichen	!
Komma	,	Fragezeichen	?
Doppelpunkt	:	Anführungszeichen	„ "
Semikolon	;	Gedankenstrich	–

Warum Satzzeichen?

„Der Mensch denkt, Gott lenkt" heißt ein bekanntes deutsches Sprichwort. „Der Mensch denkt **und** oder **aber** Gott lenkt" könnte man es umschreiben. Der Schriftsteller Bertolt Brecht hat dieses Sprichwort neu interpretiert. „Der Mensch denkt: Gott lenkt. Keine Red' davon" heißt es in seinem Stück *Mutter Courage*. „Der Mensch denkt (nur), **daß** Gott lenkt", könnte man diesen Satz umschreiben. Nur mit der Veränderung des Satzzeichens hat Brecht eine Volksweisheit verfremdet. Es gibt verschiedene Vorstellungen darüber, wozu die Satzzeichen dienen. Sie sollen im geschäftenen Text die Pausen und den Rhythmus der Rede darstellen, sagen die einen. Satzzeichen sollen Sinnabschnitte anzeigen, meinen andere. Und wieder andere sind der Auffassung, daß die Zeichensetzung ganz allein von grammatischen Regeln abhängt. Alle drei Vorstellungen haben ihre Berechtigung, auch wenn man feststellen muß, daß im Deutschen z. B. die Kommasetzung stärker auf die Grammatik bezogen ist als im Englischen. Satzzeichen wirken nüchtern, aber sie sind auch Moden unterworfen, ihr Gebrauch wandelt sich.

15
20
25

Aufgabe: Was trifft zu?

1. Die Aussage stimmt.
2. Die Aussage stimmt nicht.
3. Man kann aus dem Text nicht entnehmen, ob die Aussage stimmt oder nicht.
a) *Der Mensch denkt, Gott lenkt* und *Der Mensch denkt: Gott lenkt* haben die gleiche Bedeutung.
b) Brecht hat die Bedeutung des Sprichwortes nur durch die Veränderung des Satzeichens verändert.
c) Im Text werden vier verschiedene Vorstellungen über die Funktion von Satzzeichen beschrieben.
d) Im Deutschen ist die Setzung von Kommas mehr von der Grammatik abhängig als im Französischen.

Zeichensetzung: Komma D2

Hauptsatz, Nebensatz
Nebensatz, Hauptsatz

Er kam nicht**,** weil er keine Zeit hatte.
Weil er keine Zeit hatte**,** kam er nicht.

Hauptsatz, Nebensatz, Nebensatz

Er kam nicht zu der Feier**,** zu der er eingeladen war**,** weil er keine Zeit hatte.

Hauptsatz, Nebensatz **und** Nebensatz

Er kam nicht zu der Feier**,** weil er keine Zeit hatte und weil er keine Lust hatte.

Hauptsatz, erweiterter Infinitiv

Er ging dann doch zum Fest**,** ohne Lust dazu zu haben.

D 3 Übung

Setzen Sie bitte Punkte und Kommas ein! Denken Sie bitte daran: Nach einem Punkt geht es mit einem Großbuchstaben weiter.

Hier spielt die Zeit keine Rolle und keiner findet das schlecht neulich hatten wir meine Frau und ich eine Einladung zu einem besonderen Festessen das in einem großen Hotel stattfinden sollte und von dem wir schon viel gehört hatten pünktlich waren wir wie es sich gehört um 18 Uhr da wir hatten uns sogar beeilt um nicht zu spät zu kommen nur wir waren pünktlich und alle haben gelacht als wir ihnen es war inzwischen 20 Uhr erzählten daß wir uns beeilt hatten

D 4 Buchstabenschlange

Bestimmen Sie bitte die Wortgrenzen, und setzen Sie Satzzeichen!

WENNSIEVERSTEHENKÖNNENWASHIERSTEH
TDANNHABENSIEWAHRSCHEINLICHSCHONA
LLEEINZELNENWÖRTERGEFUNDENUNDZWE
IKOMMASUNDEINENPUNKTGESETZT

D 5 So oder so?

Schreiben: Die Bedeutung bestimmt den Platz des Kommas.
Lesen: Der Platz des Kommas bestimmt die Bedeutung.
Setzen Sie bitte in die folgenden Sätze ein korrektes Komma ein! Beantworten Sie dann die Frage! Setzen Sie ein korrektes Komma an eine andere Stelle! Beantworten Sie die Frage noch einmal!

Beispiel:
Er verspricht ihr nicht mit ihr ins Kino zu gehen. *Verspricht er ihr etwas?*

Er verspricht ihr nicht, mit ihr ins Kino zu gehen. – *Nein*
Er verspricht ihr, nicht mit ihr ins Kino zu gehen. – *Ja*

1. Sie ärgert sich nicht zum Fest gegangen zu sein. *Ging sie zum Fest?*
2. In Zukunft ist es erforderlich für die Wissenschaftler eine Übersetzungsmaschine zu erfinden.
   Brauchen Wissenschaftler in der Zukunft eine Übersetzungsmaschine?

D 6 Lehre

1. Setzen Sie bitte Satzzeichen in das Gedicht ein!

2. Sprache ist mehr als Grammatik – meint Inge Meidinger-Geise. Finden Sie bitte die Stellen im Gedicht, die dies beweisen!

Grammatik
Heißt das ordentliche
Laufen der Wörter
Der Reihe nach
Dem Sinne nach
Dem Satze nach
Dem Sprechen nach
Heißt Grammatik
Das Bravsein der Wörter
Den Regeln nach
Der Erwartung nach
Dem Mutmaßen nach
Laufen die Wörter
Schließlich
Über die Grammatik
Hinaus

Inge Meidinger-Geise

Satzgliedstellung im Nachfeld   E1

Vorfeld	V 1	Mittelfeld	V 2	Nachfeld
Ihre Aufgaben	haben	hauptsächlich darin	bestanden,	⟨Wörterbücher und Grammatiken zu kontrollieren.⟩
Diese Normen	haben	sich ⟨in vielen Bereichen	entwickelt :	in der Politik, der Technik, der Sprache etc.⟩
Sie	hat	nie ⟨denselben Einfluß	gehabt	wie die Akademien in Frankreich und Italien.⟩
Ich	habe	voriges Jahr einen 8-Wochen-Kurs	gemacht,	(in Göttingen).

Man benutzt das Nachfeld, wenn der Verbrahmen nicht zu weit werden soll.
Im Nachfeld stehen oft:
ein Nebensatz (1), eine Aufzählung (2), ein Vergleich (3), ein Nachtrag (4).

Schreiben Sie bitte in den Bausteinen A–D alle Sätze heraus, in denen das Nachfeld besetzt ist!

Schüttelkasten   E 2

Ordnen Sie bitte die folgenden Wörter/Phrasen zu Sätzen, in denen das Nachfeld besetzt ist:

Ist Goethe gewesen bekannter als Chamisso schon zu seiner Zeit

1 Tasse Kaffee, 1 Glas Cognac und viel Zucker nehmen folgende Zutaten Sie unbedingt Für dieses Rezept müssen

Alli zuerst Sport, dann Weltnachrichten, dann noch einen Film hat gesehen im Fernsehen das ganze Programm gestern

ein Theaterstück in München in dem die Schauspieler Dialekt sprachen gesehen Alli hat

wie Beethoven gespielt hat nicht so gut Klavier Humboldt

hat Bina Gestern von einem interessanten Film mit H. Bogart und I. Bergmann erzählt doch

E3 Satzgliedstellung im Mittelfeld (3)

Es gibt für die Stellung der Angaben im Mittelfeld keine hundertprozentigen Regeln. Als ‚Normalfall' im Hauptsatz kann gelten:

1. **Zeit vor Ort**
   Er hat gestern im Club Musik gemacht.
2. **Zeit vor Modalität**
   Er hat gestern auf dem Klavier Musik gemacht.

Welche der folgenden Sätze haben eine ‚normale' Stellung, welche nicht?

1. Er ist gestern mit dem Auto nach Köln gefahren.
2. Sie will in der Stadt morgen einen Freund treffen.
3. Er ist mit dem Auto gestern nach Köln gefahren.
4. Sie will morgen in der Stadt einen Freund treffen.

F Zusammensetzungen

1. Ergänzen Sie bitte die Wörter!

2. Suchen Sie bitte im Wörterbuch nach der Bedeutung der zusammengesetzten Wörter, die Sie nicht kennen!

3. Bilden Sie bitte selbst zusammengesetzte Wörter!

Anhang

Grammatikregister

Liste der unregelmäßigen Verben

Alphabetische Wortliste

Quellennachweis

Grammatikregister

Das Grammatikregister verweist auf die Grammatik, die im Lehrbuch behandelt wird. Es enthält nur die grammatische Terminologie, die im Lehrbuch vorkommt. Hinweise auf andere Bezeichnungen gibt das Handbuch für den Unterricht.

Adjektiv
Apposition 107
Attribut 124
Endungen des Adjektivs 19
Wortbildung 117
Adjektivergänzung
Stellung im Mittelfeld 71
Adverb
Attribut 107
Negation 77
Angabe
Temporalangabe 91
Temporalangabe + Präsens 43
Temporalangabe + Perfekt 43
Apposition 107
Adjektiv 107
Attribut 107
Partizip 107
Substantiv 107
Artikel
Art. + andere Determinative 18
Attribut
Adjektiv 124
Adjektiv + Erweiterung 124
Adverb 107
Apposition 107
Genitiv 107
links 124
Nebensatz 107
Partizip I 47, 100, 125
Partizip II 100
Partizip + Erweiterung 124
Präpositionalgruppe 107
rechts 107
zu + Partizip I 120, 124
Bedingungssätze
Indikativ 134
Konjunktiv II 134
Stellung des Verbs 135
brauchen 34
Determinative 18, 19
Direktivergänzung
Stellung im Mittelfeld 71
Ergänzung

→ *Adjektivergänzung*
→ *Direktivergänzung*
→ *Lokalergänzung*
→ *Nominalergänzung*
→ *Präpositionalergänzung*
Rechtstendenz 71
Satzgliedstellung 71
Futur
Bedeutung von werden 41
werden + Infinitiv 40
Genitiv
Attribut 107
→ *Genitivpräposition*
Genus der Substantive 10
Imperativsätze 150
Indefinitpronomen 34, 58
Indikativ
Bedingungssätze 134
Indirekte Rede
Konjunktiv 61
Signale 61
Kasus
→ *Genitivpräposition*
kennen – können – wissen 58
können – kennen – wissen 58
Konjunktiv
Bedingungssätze 134
Konjunktiv I 61
Konjunktiv II: Formen 133
Konjunktiv II: Bedeutung 138
haben 61
sein 61
lassen 30
Lokalergänzung
Stellung im Mittelfeld 71
Modalverb
Bedeutung 16
können 58
Nebensätze
Attribut 107
Relativsätze 79
temporal 87
Zeitenfolge 87
Negation

Adverb 77
kein 76
nicht 76
Satzgliedstellung 74
Satzverneinung 74
Sonderverneinung 74
Nominalergänzung
Stellung im Mittelfeld 71
Nominalgruppe 58
Endungen des Adjektivs 1
erweitert 107, 120, 124, 125
Partikel
eben 12
Satzpartikel 13
Partizip
Apposition 107
Attribut 120, 124
Partizip I 47, 100
Partizip II 100
Wortbildung 117
Passiv
Vorgangspassiv 43
werden + Partizip II 41
Zustandspassiv 43
Perfekt
besondere Perfektformen 95
Plusquamperfekt
Form 86
Gebrauch 86
Präposition
Dativpräposition 88
Genitivpräposition 53, 88
temporal 88
Präpositionalergänzung
Stellung im Mittelfeld 71
Präpositionalgruppe
Attribut 107
Präsens 43
Pronomen
Indefinit 34, 58
Rechtstendenz 71
Relativsatz 79
Satzgliedstellung
Ergänzung mit Rechtstendenz 71
Mittelfeld 71, 156
Nachfeld 155

Negation: Satzverneinung 74
Negation: Sonderver- neinung 74
scheinen 34
Subjunktoren
  temporal 87, 88
Substantiv
  Apposition 107
  Genus 10
  Wortbildung 117
Temporalangabe
  → *Angabe*
  Kasus 91
  Präposition 88

Subjunktor 88
Verb
  brauchen 34
  kennen 58
  können 58
  lassen 30
  → *Modalverb*
  scheinen 34
  sein + zu 119
  werden: Übersicht 41
  wissen 58
Vergangenheit
  besondere Perfektformen 95

Plusquamperfekt 86
Vergleichssätze
  irreal. 139
wissen – kennen – können 58
Wortbildung
  Adjektiv 117
  Partizip 117
  Substantiv 117
Zeichensetzung
  Komma 153
Zeitenfolge 87
Zukunft
  Ausdruck von … 40, 41, 43

Liste der unregelmäßigen Verben

Trennbare unregelmäßige Verben stehen in dieser Liste alphabetisch geordnet.

Infinitiv	Präsens: 3. Pers. Sg.	Präteritum	Perfekt
abfinden	findet ab	fand ab	hat abgefunden
abhängen	hängt ab	hing ab	hat abgehängt
abnehmen	nimmt ab	nahm ab	hat abgenommen
abschließen	schließt ab	schloß ab	hat abgeschlossen
anbieten	bietet an	bot an	hat angeboten
anerkennen	erkennt an	erkannte an	hat anerkannt
ankommen	kommt an	kam an	ist angekommen
anschließen	schließt an	schloß an	hat angeschlossen
ansehen	sieht an	sah an	hat angesehen
anstreichen	streicht an	strich an	hat angestrichen
aufessen	ißt auf	aß auf	hat aufgegessen
aufhalten	hält auf	hielt auf	hat aufgehalten
aufnehmen	nimmt auf	nahm auf	hat aufgenommen
aufspringen	springt auf	sprang auf	ist aufgesprungen
ausbrechen	bricht aus	brach aus	ist ausgebrochen
ausgeben	gibt aus	gab aus	hat ausgegeben
ausgehen	geht aus	ging aus	ist ausgegangen
auskommen	kommt aus	kam aus	ist ausgekommen
aussterben	stirbt aus	starb aus	ist ausgestorben
befallen	befällt	befiel	hat befallen
befinden	befindet	befand	hat befunden
begraben	begräbt	begrub	hat begraben
beißen	beißt	biß	hat gebissen
benehmen	benimmt	benahm	hat benommen

Infinitiv	Präsens: 3. Pers. Sg.	Präteritum	Perfekt
beschreiten	beschreitet	beschritt	hat beschritten
bestehen	besteht	bestand	hat bestanden
bewerben	bewirbt	bewarb	hat beworben
beziehen	bezieht	bezog	hat bezogen
blasen	bläst	blies	hat geblasen
brennen	brennt	brannte	hat gebrannt
dastehen	steht da	stand da	hat dagestanden
dringen	dringt	drang	ist gedrungen
eindringen	dringt ein	drang ein	ist eingedrungen
einfallen	fällt ein	fiel ein	ist eingefallen
eingreifen	greift ein	griff ein	hat eingegriffen
einsehen	sieht ein	sah ein	hat eingesehen
eintreten	tritt ein	trat ein	ist eingetreten
empfinden	empfindet	empfand	hat empfunden
entnehmen	entnimmt	entnahm	hat entnommen
entschließen	entschließt	entschloß	hat entschlossen
entsprechen	entspricht	entsprach	hat entsprochen
entstehen	entsteht	entstand	ist entstanden
erfinden	erfindet	erfand	hat erfunden
erhalten	erhält	erhielt	hat erhalten
erklingen	erklingt	erklang	ist erklungen
erwägen	erwägt	erwog	hat erwogen
fallen	fällt	fiel	ist gefallen
fliehen	flieht	floh	ist geflohen
fortziehen	zieht fort	zog fort	ist fortgezogen
gelingen	gelingt	gelang	ist gelungen
gleichen	gleicht	glich	hat geglichen
greifen	greift	griff	hat gegriffen
großschreiben	schreibt groß	schrieb groß	hat großgeschrieben
heimgehen	geht heim	ging heim	ist heimgegangen
herabkommen	kommt herab	kam herab	ist herabgekommen
herausschreiben	schreibt heraus	schrieb heraus	hat herausgeschrieben
herkommen	kommt her	kam her	ist hergekommen
herumsprechen	spricht herum	sprach herum	hat herumgesprochen
hineingehen	geht hinein	ging hinein	ist hineingegangen
hingehen	geht hin	ging hin	ist hingegangen
hinunterfahren	fährt hinunter	fuhr hinunter	ist hinuntergefahren
hinwegkommen	kommt hinweg	kam hinweg	ist hinweggekommen
hinweisen	weist hin	wies hin	hat hingewiesen
klingen	klingt	klang	hat geklungen
lassen	läßt	ließ	hat gelassen
leichtnehmen	nimmt leicht	nahm leicht	hat leichtgenommen
leiden	leidet	litt	hat gelitten
liegen	liegt	lag	hat gelegen
mitsingen	singt mit	sang mit	hat mitgesungen
nachdenken	denkt nach	dachte nach	hat nachgedacht
nachkommen	kommt nach	kam nach	ist nachgekommen
radfahren	fährt Rad	fuhr Rad	ist radgefahren
sauberhalten	hält sauber	hielt sauber	hat saubergehalten
scheinen	scheint	schien	hat geschienen
schießen	schießt	schoß	hat geschossen

Infinitiv	Präsens: 3. Pers. Sg.	Präteritum	Perfekt
schließen	schließt	schloß	hat geschlossen
schweigen	schweigt	schwieg	hat geschwiegen
steckenbleiben	bleibt stecken	blieb stecken	ist steckengeblieben
treffen	trifft	traf	hat getroffen
treten	tritt	trat	ist getreten
übergehen	übergeht	überging	hat übergangen
überlassen	überläßt	überließ	hat überlassen
übernehmen	übernimmt	übernahm	hat übernommen
übertragen	überträgt	übertrug	hat übertragen
übertreiben	übertreibt	übertrieb	hat übertrieben
umdenken	denkt um	dachte um	hat umgedacht
umgeben	umgibt	umgab	hat umgeben
umsehen	sieht um	sah um	hat umgesehen
untergehen	geht unter	ging unter	ist untergegangen
unterlassen	unterläßt	unterließ	hat unterlassen
unterlaufen	unterläuft	unterlief	ist unterlaufen
unterscheiden	unterscheidet	unterschied	hat unterschieden
unterwerfen	unterwirft	unterwarf	hat unterworfen
verbinden	verbindet	verband	hat verbunden
verbleiben	verbleibt	verblieb	ist verblieben
verbrennen	verbrennt	verbrannte	hat verbrannt
verbringen	verbringt	verbrachte	hat verbracht
verfließen	verfließt	verfloß	ist verflossen
vergeben	vergibt	vergab	hat vergeben
vergehen	vergeht	verging	ist vergangen
vernehmen	vernimmt	vernahm	hat vernommen
verschließen	verschließt	verschloß	hat verschlossen
versinken	versinkt	versank	ist versunken
verstehen	versteht	verstand	hat verstanden
verstoßen	verstößt	verstieß	hat verstoßen
vertreiben	vertreibt	vertrieb	hat vertrieben
verzeihen	verzeiht	verzieh	hat verziehen
vorbeikommen	kommt vorbei	kam vorbei	ist vorbeigekommen
vorkommen	kommt vor	kam vor	ist vorgekommen
wachsen	wächst	wuchs	ist gewachsen
wegfallen	fällt weg	fiel weg	ist weggefallen
weiterhelfen	hilft weiter	half weiter	hat weitergeholfen
wenden	wendet	wandte	hat gewandt
widersprechen	widerspricht	widersprach	hat widersprochen
wiedergeben	gibt wieder	gab wieder	hat wiedergegeben
ziehen	zieht	zog	hat gezogen
zugeben	gibt zu	gab zu	hat zugegeben
zulassen	läßt zu	ließ zu	hat zugelassen
zulaufen	läuft zu	lief zu	ist zugelaufen
zurechtfinden	findet zurecht	fand zurecht	hat zurechtgefunden
zurücklassen	läßt zurück	ließ zurück	hat zurückgelassen
zusammenfinden	findet zusammen	fand zusammen	hat zusammen-gefunden
zusammenhängen	hängt zusammen	hing zusammen	hat zusammen-gehangen
zusammenziehen	zieht zusammen	zog zusammen	hat zusammen-gezogen
zustehen	steht zu	stand zu	hat zugestanden

Alphabetische Wortliste

- Die alphabetische Wortliste dokumentiert den Wortschatz aller Texte, zu denen es im Lehrbuch Aufgaben gibt und den Wortschatz der Übungsanweisungen.
- Der Wortschatz von Texten mit illustrativem Charakter (z. B. einiger Sprichwörter, Gedichte etc.) ist nur in die Glossare aufgenommen.
- Den Wortschatz der Auftaktseiten (AS) findet man an entsprechender Stelle in den Glossaren.
- Der Wortschatz der HV- und LV-Texte steht dem didaktischen Ansatz entsprechend weder in der alphabetischen Wortliste noch in den Glossaren.

Die Buchstaben und Zahlen hinter dem Worteintrag geben an, wo das Wort zum ersten Mal im Lehrbuch vorkommt. Das Zeichen * verweist auf die Liste der unregelmäßigen Verben. Der Wortschatz aus dem Zertifikat Deutsch als Fremdsprache ist kursiv gedruckt.

Abendgymnasium, das ,
  –gymnasien **L4**B1
Abendschule, die ,-n **L4**B1
abfinden*, sich ~ mit **L3**A1
abgeschlossen **L3**B3
abhängen von **L4**E1
abholen **L7**A1
Abitur, das **L4**B1
Ablauf, der ,-¨e **L6**C4
ablegen (Prüfung) **L4**B1
Abnahmeland, das ,-¨er **L3**C1
abnehmen **L5**E1
abnehmen(Hörer) **L7**G1
Absatz, der ,-¨e **L6**C2
abschaffen **L3**B1
abschließen **L4**B1
Abschluß, der ,-¨sse **L4**B1
absolvieren **L4**B2
Abstammung, die ,-en **L9**D6
abstoßend **L5**A3
Abteilung, die ,-en **L7**A1
Abwasser, das ,- ¨ **L3**A1
abwechslungsreich **L5**A1
abwegig **L9**C6
abwehren **L4**D1
adjektivisch **L8**D1
Agrarreform, die ,-en **L3**B1
ahnen **L8**A1
Ahnung, die ,-en **L5**A1
ahnungsvoll **L8**A1
Akrobat, der ,-en/in f **L6**B1
allgemein:
  im allgemeinen **L10**A1
allmächtig **L4**E1
alltäglich **L8**C1
Ältere, der/die ,-n **L5**A3
Altertum, das **L2**B1
Amt, das (Funktion) ,-¨er
  L9D6
Analphabet, der ,-en/in f
  L4D1
Analphabetentum, das **L4**D1
Analphabetismus, der **L4**D1
anbieten **L3**A8
andermal:
  ein andermal **L7**G2
ändern **L1**B1
andeuten **L5**A3
Anekdote, die ,-n **L4**E1
anerkennen* **L4**B1

anfassen **L2**C1
Anfrage, die ,-n **L7**B
Anführungszeichen, das ,-
  L10A1
angeblich **L5**E1
Angeklagte, der/die ,-n **L5**A1
angenehm **L6**E1
Angesprochene, der/die ,-n
  L7F2
angewiesen sein auf **L9**D5
ankommen* bei (wirken)
  L7D1
Ankündigung, die ,-en **L6**E1
Ankunftszeit, die ,-en **L7**A1
Anlage, die ,-n **L4**F
anmelden **L4**A1
Annäherungsversuch, der ,-e
  L7D1
Anredeform, die ,-en **L7**F2
anschauen **L9**D1
Anschauung, die ,-en **L9**D6
anschließen*, sich **L3**B7
ansehen* als **L10**A1
ansetzen (zur Landung) **L8**B1
ansiedeln **L5**F1
ansonsten **L4**D1
anstarren **L10**C1
anstatt **L4**A3
anstellen (Überlegungen)
  L7F1
Anstieg, der ,-e **L6**D1
anstreichen* **L4**E1
an und für sich **L4**E1
anwenden auf **L7**D1
anzeigen (zeigen) **L10**D1
Apfelbäumchen, das **L3**A1
Apfelblüte, die **L8**B1
Apfelkarte, die **L8**B1
Arbeitsamt, das ,-¨er **L4**B1
Arbeitskollege, der ,-n/
  -kollegin f **L1**F1
arbeitslos **L3**A2
Arbeitslose, der/die ,-n **L4**B1
Arbeitslosigkeit, die **L3**A1
argentinisch **L8**D2
ärgerlich **L10**C1
ärgern, sich **L10**D5
argumentieren **L5**E3
Aspekt, der ,-e **L6**B3
assoziieren **L5**H2

ästhetisch **L8**C1
Astronaut, der ,-en/in f **L6**A3
Asylant, der ,-en/in f **L6**D1
Asylbewerber, der ,-/in f **L6**D1
Atem:
  außer Atem **L7**A1
Atomkraftwerk, das ,-e **L3**A1
ätsch **L2**E1
Attest, das ,-e **L4**F
aufblicken **L7**A1
aufeinandertreffen* **L5**A1
aufessen* **L5**H1
auffordern zu **L10**C1
aufgelöst (Haare) **L7**A1
aufhalten*, sich **L6**F
auflegen (Hörer) **L7**G1
Auflösung, die ,-en **L2**E1
aufmerksam **L6**C2
aufmerksam machen auf
  L6C2
Aufnahmeregion, die ,-en
  L6D1
aufnehmen* (Kassette,
  Tonband) **L4**A1
aufregend **L8**D1
aufregen, sich über **L7**B
aufsagen:
  für sich etwas . . . **L5**E6
Aufsatz, der ,-¨e **L5**E5
aufspringen* **L7**C1
Auftreten, das **L7**D1
Auf und Ab, das **L8**B1
Aufzählung, die ,-en **L10**E1
Augenblick, der ,-e **L9**C6
augenblicklich **L5**G
Ausbildungsbetrieb, der ,-e
  L4B1
Ausbildungsstätte, die ,-n
  L9D6
Ausbildungssystem, das ,-e
  L4B1
ausbrechen* **L9**D1
Ausdruck:
  etwas zum . . . bringen **L5**A1
Ausdrucksform, die ,-en **L7**F2
ausduften **L9**C6
auseinanderentwickeln, sich
  L5F1
Ausfuhr, die ,-en **L3**C1
ausführen **L3**C1

ausführlich **L4B2**
ausfüllen **L4D1**
Ausgabe, die ,-n **L3D3**
ausgeben* als **L7B**
ausgehen* von **L8C1**
auskommen* ohne **L6F**
auslachen **L4D1**
ausradieren **L4E1**
Ausrufezeichen, das ,- **L10D1**
Aussage, die (vor Gericht) ,-n
  L5A1
Ausschnitt, der ,-e **L6E1**
Aussehen, das **L2A3**
außen **L2D1**
äußer- **L8C1**
außerhalb **L4A1**
äußern **L9D6**
Aussicht, die ,-en **L3B1**
aussterben* **L3A4**
austilgen **L9B5**
Auswanderung, die ,-en **L6F**
Ausweg, der ,-e **L4E1**
Auszubildende, der/die ,-n
  L4B1
autobiographisch **L6B2**
Autostraße, die ,-n **L3B1**

Badehose, die ,-n **L9D2**
Balkon, der ,-s **L2D1**
Band, das ,-¨er **L8A1**
Bär, der ,-en **L6F**
Barock, das **L2B1**
Bart, der ,-¨e **L2A3**
Basis, die **L8B1**
Batterie, die ,-n **L3A1**
Bauernsohn, der ,-¨e **L9D1**
Bauleute, die *(Plural)* **L5F1**
Baustein, der ,-e **L10E1**
beachten **L5A6**
bedecken **L2A1**
bedeutend **L6B1**
Bedeutungsnuance, die ,-n
  L8A4
Bedingung, die ,-en **L9B4**
beeilen, sich **L10D3**
beeindrucken **L2D1**
beeinflussen **L8C1**
befallen* **L6F**
befinden*, sich **L3A4**
Befragte, der/die ,-n **L4D1**
befremden **L2D1**
Begegnung, die ,-en **L6A1**
Beginn, der **L8B1**
begraben* **L8B1**
Begründung, die ,-en **L4F**
Begrüßung, die ,-en **L2D2**
Begrüßungsessen, das ,- **L2D2**
behaglich **L9C6**
behaupten **L4D6**
beispielsweise **L7D1**
beißen* **L8G1**
Beitrag, der ,-¨e **L3A1**
beiwohnen **L9B5**

bekämpfen **L3C2**
bekanntlich **L6F**
belasten **L6C2**
belehren **L8B1**
bemalen **L6A1**
bemühen, sich **L5A1**
bemühen, sich um **L6B2**
benachteiligen **L9D6**
Benehmen, das **L4A4**
benehmen*, sich:
  sich daneben benehmen
  L10A3
beobachten **L4D6**
Beratungsstelle, die ,-n **L6E1**
Berechtigung, die ,-en **L10D1**
Bereicherung, die ,-en **L6C2**
bergauf **L9C7**
Bergwandern, das **L8C2**
beruflich **L4B1**
berufsbezogen **L4B1**
Berufschance, die ,-n **L4B1**
Berufsdolmetscher, der ,-/in f
  L5E1
Berufserfahrung, die ,-en **L4F**
Berufsfachschule, die ,-n **L4B1**
Berufsschule, die ,-n **L4B1**
Berufsverkehr, der **L7A1**
berühren **L2C1**
berühren:
  das berührt (ihn/sie . .) nicht
  L9C8
Besatzungsgebiet, das ,-e
  L9C2
beschieden:
  es wurde mir beschieden
  L8B1
beschneit **L5D1**
Beschreibung, die ,-en **L5B1**
beschreiten*:
  einen Weg beschreiten **L9D1**
bestehen* **L4B1**
bestehen* in **L7B**
bestehen* (Prüfung) **L4A1**
bestellen (kommen lassen)
  L9A5
bestrafen **L4E1**
beteiligen **L3C2**
Betonung, die **L4A4**
Betreten, das **L2D1**
betrieblich **L4B1**
bevor **L3B1**
bevorzugen **L9D6**
bewahren **L10A1**
bewegen, sich **L3B1**
bewerben, sich um **L4F**
Bewerbung, die ,-en **L4F**
Bewerbungsschreiben, das ,-
  L4F
bewohnbar **L8C1**
Bewohner, der ,-/in f **L1D1**
bewundern **L7A1**
Bewußtsein, das **L3C2**
beziehen auf **L10D1**
Beziehung, die ,-en **L7B**
Bezirk, der ,-e **L6F**

Bierglas, das ,-¨er **L9D1**
Bildungsbereich, der ,-e **L4B1**
Bildungsgang, der ,-¨e **L4A1**
Bildungssystem, das ,-e **L4B1**
Bildungsweg, der ,-e **L4B1**
billig **L1D1**
Biologe, der ,-n/in f **L1B2**
biologisch **L3C2**
bisherig **L4F**
Bitte, die ,-n **L9C4**
blasen* **L8A2**
blättern **L7A1**
bläulich **L8B1**
bleich **L9D2**
blicken **L3A1**
blühen **L4C1**
Blumentopf, der ,-¨e **L9A5**
Bordbuch, das ,-¨er **L7A1**
Botschaft, die (eines Staates)
  ,-en **L4F**
Branche, die ,-n **L4F**
brauchen + zu **L2D1**
Brauchtum, das **L6F**
Brauerei, die ,-en **L9D5**
brausen **L8B1**
Braut, die ,-¨e **L9B1**
Bräutigam, der ,-e **L9B1**
Bravsein, das **L10D6**
brennen **L7D3**
Briefanfang, der ,-¨e **L2D3**
Briefende, das **L2D3**
Briefgeheimnis, das **L9D6**
Briefmarke, die ,-n **L4E1**
bringen:
  etwas zum Ausdruck . . . **L5A1**
Brückenschlag, der **L3C1**
Brüderschaft, die **L7F2**
Brust, die **L1E1**
Buchhändler, der ,-/in f **L3D3**
Buchhandlung, die ,-en **L3D3**
Buchladen, der ,-¨ **L3D4**
Buchmesse, die ,-n **L3C1**
Buchstabenschlange, die ,-n
  L10D4
Buchtitel, der ,- **L3C1**
Buchumschlag, der ,-¨e **L6C2**
Bundesaußenminister, der
  ,-/in f **L3C1**
Bundesgebiet, das **L9D6**
Bundesland, das ,-¨er **L4B1**
Bürde, die ,-n **L9B2**
Bürgerinitiative, die ,-n **L3A1**
bürgerlich **L9C6**

ca. (= circa) **L6D1**
Camping, das **L9D2**
Champagner, der **L1G1**
Chance, die ,-n **L3A1**
Chancengleichheit, die **L4B1**
charakterisieren **L10A1**
Chemieingenieur, der ,-e/in f
  L4F
chemisch **L3A4**
Club, der ,-s **L6C5**

dahin (vorbei) **L7C2**

dankbar **L4A1**
dastehen*:
  (gut) bei jemandem ...
  L7A1
Datenverarbeitung, die ,-en
  L4B2
Daumen, der ,- **L2E1**
dazugehören **L6B2**
decken (Tisch) **L9B1**
definieren **L8C1**
Definition, die ,-en **L5B1**
dekorieren **L9B1**
demgegenüber **L4D1**
denkbar **L7A2**
Denkmal, das ,-¨er **L9A1**
dennoch **L3A1**
deprimierend **L5E1**
der-, die-, dasselbe **L1E3**
desolat **L8D1**
Diagramm, das ,-e **L6D1**
Dichte, die **L8D1**
dichten **L6B1**
Dichtung, die ,-en **L8D1**
dick **L2A3**
dienen zu **L7D1**
DI (Deutsche Industrienorm)
  L10A1
Diplomübersetzer, der ,-/in f
  L5A1
direkt (= offen) **L1F1**
Direktheit, die **L1F1**
Dirndl, das ,- **L7A1**
Diskussionsleiter, der ,-/in f
  L6E1
Diskussionsleitung, die ,-en
  L3A1
Distanz, die ,-en **L2D1**
Dollar, der ,-s **L9A2**
dolmetschen **L5A1**
Dolmetscher, der ,-/in f **L5A8**
Doppelpunkt, der ,-e **L10D1**
Dorfbewohner, der ,-/in f
  L9A1
Dose, die ,-n **L9C3**
Drehbuch, das ,-¨er **L9A1**
dreigliedrig **L4B1**
dreijährig **L4B1**
dringen* in **L8D1**
Drohung, die ,-en **L4E1**
Druck, der:
  unter Druck setzen **L6D1**
dual **L4B1**
Duft, der ,-¨e **L8A1**
duften **L7D3**
Dummkopf, der ,-¨e **L2E1**
durchschauen **L4E1**
düster **L9B5**
duzen **L7F1**

eben (= flach) **L1B3**
eben (= soeben) **L1B3**
Ebene, die ,-n **L8D1**
ebenso **L7B**
EDV-Kurs, der ,-e **L4D3**
egal **L5A9**

Eheleute, die *(Plural)* **L6D2**
ehemalig **L9D4**
Ehrenplatz, der ,-¨e **L9B1**
Eigenheit, die ,-en **L2D1**
eilen **L8B1**
einander **L7C2**
eindeutig **L6A3**
eindringen* in **L3C2**
einem (→ man) **L2D1**
einfallen* **L2D1**
Einfuhr, die ,-en **L3C1**
Eingemeißelte, der/die ,-n
  L9A1
Eingewöhnung, die ,-en **L7E1**
eingreifen* in **L8C1**
Einheit, die **L9D4**
Einleitung, die ,-en **L10C3**
einpacken **L9D2**
Einsamkeit, die **L7C1**
Einsamsein, das **L7C1**
einschweben **L8B1**
einsehen* **L3B7**
einsetzen **L7C1**
einsprachig **L5F1**
einträchtig **L5F1**
eintreten* **L6C2**
einzeln **L3C1**
Einzug, der (das Kommen)
  L8B1
Eiscreme, die ,-s **L5A3**
Eisenbahnfahrt, die ,-en **L9A2**
Eisenbahntechnik, die **L3D1**
Eistorte, die ,-n **L7A1**
Elefantenbuch, das ,-¨er **L1C1**
elegant **L2A3**
elektronisch **L4B2**
Elektronische Datenver-
  arbeitung (= EDV) **L4B2**
Elend, das **L9A2**
Emigrantenkind, das ,-er
  L6C2
emigrieren **L6C2**
emotional **L6A2**
empfinden* als **L6F**
Ende:
  zu Ende (führen) **L7A1**
enden **L1E1**
Endfassung, die ,-en **L5A3**
endgültig **L6C2**
endlich **L7C1**
energisch **L4E1**
engagieren, sich **L3A1**
Engel, der **L7D1**
Entfaltung, die **L9B1**
entgegnen **L7A1**
entnaturalisieren **L8D1**
entnehmen* **L4F**
entschließen, sich* **L7C1**
entsetzlich **L2A3**
*entsprechen** **L3C2**
Entsprechung, die ,-en **L5A3**
entstehen aus* **L3C2**
enttäuschen **L4A1**
entweder ... oder **L4A1**
entwickeln, sich **L1A1**

Entwicklung, die ,-en **L3A1**
erbauen **L9C6**
Erde, die **L3A4**
Erdgas, das **L3C2**
erdig **L8D1**
Erdkugel, die **L6A3**
Erdoberfläche, die **L8C1**
Erdöl, das **L3C2**
Ereignis, das ,-se **L6B3**
Erfahrung, die ,-en **L4A4**
erfassen **L8C1**
*erfinden** **L4D1**
Erfinder, der ,-/in f **L9D1**
Erfolg, der ,-e **L4A4**
erforderlich **L4F**
Ergebnis, das ,-se **L3A1**
*erhalten** **L4B1**
*erhalten** (= beibehalten)
  L5A3
Erhebung, die (Hügel) ,-en
  L8D1
erholen, sich **L1F1**
erholsam **L4A1**
erinnern, sich ~ an **L3A1**
Erinnerung, die ,-en **L6F**
Erkenntnis, die ,-se **L3B1**
erklingen* **L9D2**
Erkundung, die ,-en **L9D5**
erlangen **L9D4**
erläutern **L3A1**
erledigen **L3B1**
erleichtern **L4A1**
erlernen **L4A1**
erlesen **L10A3**
Ernährung, die **L3B1**
ernst **L1A1**
Ernst, der **L1A2**
erreichen **L4B1**
erröten **L7A1**
Erscheinungsbild, das ,-er
  L8C1
erschweren **L4E1**
ersetzen **L5G**
erwägen* **L6F**
Erwartung, die ,-en **L10D6**
erwecken **L9A1**
erweitern **L6D3**
Erweiterung, die ,-en **L8B3**
erzählt **L4B4**
Erziehung, die ,-en **L4A1**
ewig **L10A1**
Examensdruck, der **L5E1**
Exil, das ,-¨e **L6B1**
Exilland, das ,-¨er **L6B1**
existieren **L1A1**
exotisch **L8D1**
Export, der ,-e **L3C1**
exportieren **L3C1**
Exportkaufmann, der ,-kauf-
  leute/kauffrau f **L4A1**

Fachbuchproduktion, die ,-en
  L3D1
Fachhochschule, die ,-n **L4B1**
Fachliteratur, die **L3D1**

Fachoberschule, die ,-n **L4B1**
Fachschule, die ,-n **L4B1**
fähig **L4D1**
fahren:
  sich durchs Haar fahren
  L7A1
Fahrschein, der ,-e **L9A2**
Fahrt, die ,-en **L1C1**
Fahrzeug, das ,-e **L3B1**
fallen* (im Krieg sterben)
  L6F
fälschen **L4D1**
familiär **L7D1**
Familienmitglied, das ,-er
  L1F1
farblos **L3C2**
fasziniert **L8B1**
Faulheit, die **L1A2**
fehlerfrei **L6B3**
feierlich **L9B5**
Feindseligkeit, die ,-en **L6C2**
Feldtelefon, das ,-e **L9B1**
Ferne, die ,-n **L7F2**
Ferngespräch, das ,-e **L7G2**
ferngesteuert **L3A4**
Fernmeldegeheimnis, das
  L9D6
Fernseher, der ,- **L1B4**
Ferntrauung, die ,-en **L9B1**
Festessen, das ,- **L10D3**
festlegen **L8B1**
festlich **L9B1**
Festredner, der ,-/in f **L9A1**
festsetzen (festlegen) **L10A1**
Feuer, das ,- **L9B5**
Feuerwehrkapelle, die ,-n
  L9A1
filmen **L9B1**
Filmstudio, das ,-s **L9B1**
Finger, der ,- **L2A1**
Fingerkuß, der ,-küsse **L2E1**
Firmament, das ,-e **L9D2**
Firmenzeichen, das ,- **L9D1**
Fischer, der ,-/in f **L9D2**
Fischsterben, das **L3A1**
flach **L1B3**
Flagge, die ,-n **L6F**
flattern **L8A1**
flehen **L7D1**
Flieder, der **L9C6**
fliehen* **L6D1**
Flucht, die **L6B7**
flüchten, sich **L3A1**
Flüchtlingskommissariat, das ,-e
  L6D1
Flüchtlingsschicksal, das ,-e
  L6D2
Flughafen, der ,-¨ **L7A1**
Flughafenrestaurant, das ,-s
  L7A1
Fluß, der ,-¨sse **L6A1**
Formular, das ,-e **L4D1**
Forschung, die ,-en **L3C2**
Forsythienblüte, die ,-n **L8B1**
Fortbildung, die **L4F**

fortentwickeln, sich **L10A1**
Fortgeschrittene, der/die ,-n
  L4F
Fortschritt, der ,-e **L3A1**
Fortsetzung, die ,-en **L7A1**
fortziehen* **L4E1**
fotokopieren **L5C2**
Fragebogen, der ,-¨ **L6F**
Fragezeichen, das ,- **L10D1**
Französischarbeit, die ,-en
  L4E1
Frauenstimme, die ,-n **L9B5**
Fräuleinwunder, das **L9D2**
Frechheit, die ,-en **L9B5**
freiberuflich **L5A1**
Freidenker, der ,-/in f **L6C5**
Freizeitbeschäftigung, die ,-en
  L7F2
Fremdsein, das **L6C5**
Fremdsprachenkenntnis, die ,-se
  L4F
Fremdsprachensekretärin, die
  ,-nen **L6E2**
Freßwelle, die ,-n **L9D2**
freudlos **L5H3**
freuen:
  sich ~ über **L3A8**
freundschaftlich **L1A2**
Frieden:
  laß mich in . . .! **L2C1**
Friedenskongreß, der ,-sse
  L8E4
friedlich **L3B1**
friedvoll **L9C6**
Frömmler, der ,-/in f **L6C5**
Front, die ,-en **L9B1**
Fruchtbarkeit, die **L2B1**
früh **L6A1**
Frühlingsanfang, der **L8B1**
Frühlingsreise, die ,-n **L8B1**
frühzeitig **L4A1**
fühlen:
  sich mit etw./jmdm.
  verbunden . . . **L6A3**
führen **L7A1**
führen (erster sein) **L3D1**
führen (Hund an der Leine)
  L8C2
Führer, der ,-/in f **L9B1**
Furcht, die **L4E1**
furchtbar **L1A1**
fürchterlich **L7B**
füreinander **L7D1**
Fuß:
  am Fuße **L9D5**
Fußballfan, der ,-s **L1B4**
Fußballweltmeisterschaft, die
  ,-en **L9D2**
füttern **L8D1**

Gang, der (Ablauf) **L9A1**
ganz (nicht kaputt) **L5A9**
ganz (sehr) **L5A9**
ganz (völlig) **L5A9**
ganz (ziemlich) **L5A9**

garstig **L2C1**
Gas, das ,-e **L3C2**
Gastarbeiter, der ,-/in f **L9D5**
Gaststube, die ,-n **L9D1**
Gaul, der ,-¨e **L10B3**
Gazelle, die ,-n **L6F**
Gazellenauge, das ,-n **L7D1**
gebildet **L4C5**
geborgen **L6F**
gebrauchen **L4A3**
Geburtsanzeige, die ,-n **L3A1**
Geburtsort, der ,-e **L6A2**
Geburtstagsparty, die ,-s/
  -parties **L4C5**
Gedankenstrich, der ,-e **L10D1**
Gedichtband, der ,-¨e **L6B1**
Gefahr, die ,-en **L3A2**
gefährlich **L3B1**
Gefährte, der ,-n/in f **L5H1**
gefallen:
  sich etwas ~ lassen **L2C1**
Gefallene, der/die ,-n **L9A1**
gefragt sein **L6B2**
Gefühlsbewegung, die ,-en
  L5H1
Gefühlsleben, das **L1A1**
Gegend, die ,-en **L1A1**
gegenüber **L6D1**
Gegenüber, das **L7A1**
Gehege, das **L6F**
geheim **L6B2**
Geheimcode, der ,-s **L6B2**
Geheimsprache, die ,-n **L6B1**
gehören zu **L3A1**
Geist, der **L5A3**
geistig **L3C1**
Geiz, der **L1A2**
geizig **L1A1**
Gelegenheit, die ,-en **L3A1**
gelegentlich **L10A1**
Gelehrte, der/die ,-n **L6C5**
*gelingen** **L3B1**
Geltung, die **L10A1**
gemeinsam **L1F1**
Gemeinsamkeit, die ,-en **L7B**
Gemüt, das ,-er **L8D1**
Generation, die ,-en **L3B1**
Genius, der **L9A1**
genügen **L9B5**
Geograph, der ,-en/in f **L8C1**
Gericht, das ,-e:
  vor Gericht stehen **L5A1**
Gericht, das (= Essen) ,-e
  L5A9
Gerichtsdolmetscher, der ,-/in f
  L5A1
Gerichtsverhandlung, die ,-en
  L5A1
Germane, der ,-n/in f **L8B1**
Germanistik, die **L4B2**
Gesamtschule, die ,-n **L4B1**
Geschäftskamerad, der ,-en
  L7B
Geschichte, die (= Fach)
  L4B2

Geschichtsbuch, das ,-¨er **L9A3**

Geschlecht, das ,-er **L4F**

Geschreie, das **L3B7**

Gesellschaft, die **L6C2**

Gesetz, das ,-e **L5A1**

gesichert sein **L3B1**

Gesicht, das ,-er **L2A1**

Gesprächsbaukasten, der ,-¨ **L7G2**

gesund **L3B1**

Gesundheit, die **L8E2**

Getto, das ,-s **L6E1**

Gewicht, das **L3C2**

gewiß **L6E1**

Gewohnheit, die ,-en **L6F**

Gift, das ,-e **L3D1**

giftig **L3A1**

Gipfel, der ,- **L5D1**

Giraffe, die ,-n **L2A3**

Gitter, das ,- **L6F**

glatt **L2A3**

Gläubige, der/die ,-n **L6C5**

glauben an **L4D1**

gleichen* **L9B1**

gleichermaßen **L7D1**

Gleichgewicht, das ,-e **L3C2**

gleichsetzen mit **L4D1**

gliedern, sich **L4B1**

golden **L9A5**

Goldmark, die **L9A2**

Gotik, die **L2B1**

Graben, der ,-¨ **L3C1**

Grauen, das **L9C6**

graziös **L7D1**

greifen* **L6B1**

Grenze, die ,-n **L3C2**

Grippe, die **L1B4**

Großbuchstabe, der ,-n **L10D3**

großschreiben* **L1A1**

Großstadt, die ,-¨e **L9A5**

großzügig **L1A2**

Großzügigkeit, die ,-en **L1A1**

Grunde:
  im Grunde **L8B1**

Grundrecht, das ,-e **L9D5**

Grundschule, die ,-n **L4B1**

grünen **L6A3**

Grüß Gott **L10C3**

grüßen:
  grüß dich **L7C2**

gültig **L10A1**

Gültigkeit, die **L10A1**

Gürtel, der ,- **L2A1**

Gymnasium, das ,Gymnasien **L4B1**

Halbstarke, der ,-n **L9D2**

Hälfte, die ,-n **L1B4**

hallo! **L4A4**

Halt, der **L6B1**

halt! **L5E6**

halt (eben) **L7B**

Haltung, die (Körper) ,-en **L7D1**

Haltung, die (Meinung) ,-en **L7C1**

Hand:
  aus der Hand lesen **L3A8**

Handbuch, das ,-¨er **L3D1**

handeln **L10A1**

Häppchen, das ,- **L9D3**

Harfenton, der ,-¨e **L8A1**

hart **L4A1**

Hauch, der **L5D1**

häufen, sich **L3A1**

Haupt- **L3B1**

Hauptaussage, die ,-n **L3B1**

hauptsächlich **L10A1**

Hauptschulabschluß, der ,-¨sse **L4B1**

Hauptschule, die ,-n **L4B1**

Hauptverkehrszeit, die ,-en **L7A1**

Hausaufgabe, die ,-n **L2C2**

häuslich **L4E1**

Hausung, die ,-en **L9C6**

Hautcreme, die ,-s **L5A3**

heh **L1B4**

heil **L3B1**

Heiland, der **L9A1**

Heim, das **L6B1**

Heimatadresse, die ,-n **L4F**

heimatlos **L6F**

heimgehen* **L6B1**

heimisch **L6C2**

herabkommen* **L7D1**

Herausforderung, die ,-en **L5A9**

herausschreiben* **L6B6**

heraussprudeln **L7A1**

Herbeiführung, die ,-en **L9A1**

*herkommen** **L1B4**

Herkunft, die **L9D6**

Herkunftsland, das ,-¨er **L3C1**

herumreden:
  um den heißen Brei . . . **L7A1**

Herzchen, das ,- **L7D1**

hiermit **L4F**

hineingehen* **L10C3**

hineinlegen **L7C2**

*hingehen** **L2B4**

hingerissen **L8B1**

hinsetzen, sich **L10C1**

Hinsicht, die:
  in mancher Hinsicht **L8C1**

hinsteuern **L7G2**

hinunterfahren* **L6A1**

hinwegkommen* über **L6B3**

hinweisen* auf **L4D6**

Hirsch, der ,-e **L8D1**

hochachtungsvoll **L2D3**

Hochebene, die ,-n **L8D1**

hochentwickelt **L4D1**

hochprozentig **L5A3**

Hochschule, die ,-n **L4A4**

höchstens **L4D1**

hochtechnisiert **L1A1**

Höhe, die:
  in Höhe von **L3C1**

horchen **L8A1**

hübsch **L2A3**

Hüfte, die ,-n **L2A3**

Hügellandschaft, die ,-en **L8B1**

Hummel, die ,-n **L8D1**

hundertprozentig **L10E3**

hurra! **L1D3**

Ideal, das ,-e **L9A1**

identifizieren **L8E4**

Ideologie, die ,-n **L6F**

ideologisch **L3C1**

Illusion, die ,-en **L3B1**

immerfort **L4E1**

immerhin **L1B4**

Import, der ,-e **L3C1**

improvisieren **L9B1**

Individuum, das ,Individuen **L6C2**

Industrienorm, die ,-en **L10A1**

informativ **L4A4**

Inland, das **L9A2**

Inländer, der ,-/in f **L9D6**

inner . . . **L6C2**

innerhalb **L8C1**

innerlich **L7A1**

Insel, die ,-n **L1D1**

insofern **L6F**

Institution, die ,-en **L4F**

Intelligenz, die ,-en **L6B3**

intensiv **L4E1**

interpretieren **L5H2**

intim **L8D1**

intonieren **L9A1**

inzwischen **L6E2**

irgendein **L1E2**

irgendwelche **L1E2**

Ironische, der/die ,-n **L3B1**

irreal **L9C8**

irreführend **L9C6**

Isolierung, die ,-en **L6E1**

Jade, die **L5D1**

jährlich **L3C2**

Jahrtausend, das ,-e **L3B1**

Jahrzehnt, das ,-e **L6C6**

je nachdem **L7D1**

je . . . desto **L9A4**

jedoch **L9D5**

jener, jene, jenes **L1E1**

jodeln **L7A1**

Jude, der ,-n/Jüdin f **L9B5**

Jüngere, der/die ,-n **L7F2**

Kaffeelikör, der ,-e **L5A3**

kalt:
  (ihn/sie . . .) läßt das kalt **L9C8**

Kamera, die ,-s **L3A1**

Kamerad, der ,-en/in f. **L7B**

kämmen:
  jemandem das Haar kämmen **L2C2**

kämmen:
  sich die Haare … **L2**C1
kämpfen für **L9**A1
Kasten, der ,-¨ **L7**G1
Katastrophe, die ,-n **L3**A4
Katholik, der ,-en/in f **L6**C5
katholisch **L6**C5
Katze, die ,-n **L8**G1
Kellner, der ,-/in f **L9**D1
Kerker, der ,- **L9**A1
Kern, der ,-e **L8**E4
keuchen **L7**A1
Kindergarten, der ,-¨ **L4**A1
Kirche, die ,-n **L9**A1
Kirschblüte, die ,-n **L5**D1
klar werden **L3**A8
Klassenarbeit, die ,-en **L4**E1
Klassenkamerad, der ,-en **L2**C2
klassisch **L7**D1
Klassizismus, der **L2**B1
Klavier, das ,-e **L10**E2
Kleingeld, das **L7**G2
*klingen** nach **L5**A5
knapp **L8**D1
Knie, das ,- **L2**A1
Kofferraum, der ,-¨e **L3**B7
Kohle, die **L3**C2
Komma, das ,-s/,-ta **L2**A1
Kommasetzung, die ,-en **L10**D1
kommen:
  auf die Welt … **L6**B2
*kommen** zu **L3**A1
kommentieren **L1**B4
Kompliment, das ,-e **L1**F1
Komponente, die ,-n **L8**C1
Konferenz, die ,-en **L3**A1
Kongreß, der ,-sse **L5**A8
Königskind, das ,-er **L7**C2
konkret **L5**H1
kontaktfreudig **L4**A1
Korn, das ,-¨er **L8**G1
Körper, der ,- **L2**A1
Körperteil, der ,-e **L2**A1
Kosename, der ,-n **L5**A6
Kraft, die ,-¨e **L9**B1
kräftig **L2**A3
Krähe, die ,-n **L5**D1
Kreiszeichen, das ,- **L2**E1
Kriegsende, das **L9**C2
Kritik, die ,-en **L8**D1
kritisch **L4**D1
kritisieren **L8**C3
Kroate, der ,-n/in f **L9**D5
kroatisch **L9**D5
Kulturkreis, der ,-e **L5**H1
Kulturlandschaft, die ,-en **L8**C1
kümmerlich **L8**D1
Kunstepoche, die ,-n **L2**B1
Kunsthochschule, die ,-n **L4**A1
Kunstpause, die ,-n **L9**A1
Kurzbeschreibung, die ,-en **L5**B1

Kurzinterview, das ,-s **L7**F1
Kurzkommentar, der ,-e **L1**B6
Kuß, der ,Küsse **L2**E1

lächeln **L7**A1
Lage:
  in der Lage sein **L4**D1
Landregen, der **L8**B1
landschaftlich **L6**F
Landschaftsbild, das ,-er **L8**C1
Landschaftslosigkeit, die **L8**D1
Landsleute, die *(Plural)* **L6**F
Landwirtschaftstechnik, die **L3**D1
lang:
  die lange Nase **L2**E1
längerfristig **L3**D1
*lassen** **L2**C1
lassen:
  laß mich in Frieden! **L2**C1
lassen:
  sich etwas gefallen … **L2**C1
Lateinarbeit, die ,-en **L4**E1
laufen:
  alles ist gut gelaufen! **L2**E1
lebendig **L8**D1
Lebensbereich, der ,-e **L2**D1
Lebenserfahrung, die ,-en **L6**C5
Lebenslauf, der ,-¨e **L4**B2
Lebensunterhalt, der **L6**B1
Leber, die ,-n **L5**H1
Leckerei, die ,-en **L1**A2
legen:
  Wert legen auf **L4**A1
Legende, die ,-n **L9**D5
Lehre, die ,-n **L4**B1
Lehrjahr, das ,-e **L4**C1
leichtmachen **L4**A1
*leichtnehmen** **L4**E1
*leiden** **L6**D2
Leidenschaft, die ,-en **L7**D1
Leine, die ,-n **L8**C2
Leitung, die (Telefon),-en **L7**G2
lenken **L10**D1
Lesehilfe, die ,-n **L8**E2
lesen:
  aus der Hand lesen **L3**A8
Leseschritt, der ,-e **L7**F1
Lesestrategie, die ,-n **L8**E4
Lexikondefinition, die ,-en **L6**A2
licht **L8**B1
Liebesbrief, der ,-e **L5**A6
Liebesleben, das **L1**C1
Liebesmetaphorik, die **L7**D1
lieblich **L8**D1
Liebling, der ,-e **L7**C2
Liebste, der/die ,-n **L6**A3
Lied, das ,-er **L7**D2
liegen:
  jmdn. links liegenlassen **L2**C3
*liegen** bei **L5**A3

Likör, der ,-e **L5**A3
Limerick, der ,-s **L5**G
Lippe, die ,-n **L2**A3
Literaturpreis, der ,-e **L6**C2
Lizenz, die ,-en: **L3**D1
  in Lizenz
lockig **L2**A3
lösbar **L3**A1
Lösung, die ,-en **L3**B1
Luft, die ,-¨e **L8**A1
Luftfeuchtigkeit, die **L8**B1
Luftikus, der ,-se **L8**B1
Luftverschmutzung, die **L3**C2
Lüge, die ,-n **L9**B2
Lyriker, der ,-/in f **L6**B1

machbar **L3**A1
mächtig **L1**D1
Machtübernahme, die **L9**B1
mager **L4**E1
Maiglöckchen, das ,- **L8**B1
Mal, das ,-e **L1**B4
malen **L7**A4
Mandelbaum, der ,-¨e **L6**B1
mandelförmig **L7**D1
Mandelkern, der ,-e **L6**B1
Manieren, die *(Plural)* **L9**D2
Maschine, die (Flugzeug) ,-n **L8**B1
maßgeblich **L8**B1
Maßstab, der ,-¨e **L10**A1
materiell **L9**C7
Mauer, die ,-n **L9**D3
Maus, die ,-¨e **L5**A6
Mäuschen, das ,- **L7**D1
Medium, das , Medien **L4**D1
mehrere **L1**E2
Mehrheit, die ,-en **L3**A1
melden, sich **L7**G1
menschenfreundlich **L8**B1
Menschenzeit, die ,-en **L9**B2
merkwürdig **L9**B5
Messegespräch, das ,-e **L3**D3
metaphysisch **L8**D1
Meteorologe, der ,-n/in f **L8**B1
mild(e) **L5**A3
Militär, das **L6**C2
Militärausgabe, die ,-n **L1**D1
Minarett, das ,-e **L9**D5
minimal **L8**B1
Minister, der ,-/in f **L3**C1
Mischehe, die ,-n **L7**E2
Mißerfolg, der ,-e **L4**A3
Mitarbeiter, der ,-/in f **L6**E2
Mitbürger, der ,-/in f **L3**A1
Mitglied, das ,-er **L6**E2
*mitsingen** **L9**A5
mittel **L4**F
Mittelalter, das **L2**B1
Mitteleuropakarte, die ,-n **L9**C2
mittelmäßig **L4**A1
Mittelpunkt, der ,-e **L4**A1
mittler- **L8**B1
Mittlere Reife, die **L4**B1

Mittl. (= Mittlerer) Osten
  L6D1
Moderne, die L2B1
modisch L7A1
Mondgesicht, das ,-er L2A1
Mondlandschaft, die ,-en
  L8D1
Mondlicht, das L5D1
Mörder, der ,-/in f L9C1
Morgenstunde, die ,-n
  L6A1
Moschee, die ,-n L9D5
Moslem, der ,-s/in f L5A3
Motor, der ,-en L3A1
mühen, sich um L6B3
musikalisch L1A2
Mut, der L4A1
mutmaßen L10D6
Mutterland, das ,-¨er L6C2
muttersprachlich L5B2
mystisch L8D1

na ja L4A4
Nachbarland, das ,-¨er L1C2
nachdem L6B7
nachdenken* über L3B7
nacheinander L5B1
Nachhilfestunde, die ,-n
  L10A3
nachkommen* L9D5
nachmachen L4B1
Nachricht, die ,-en L4F
Nächstenliebe, die L7D2
Nachtgedicht, das ,-e L5D1
Nachtrag, der ,-¨e L10E1
Nagel, der (Finger) ,-¨ L2C1
nahe L2D1
Nähe, die L2C1
Naher Osten L6D1
nahezu L3C1
Nahrungsmittel, das ,- L9C3
Nase:
  die lange . . . L2E1
naß L8B1
national L3C5
Nationalpark der ,-s L1C1
Nationalsozialist, der (=Nazi)
  ,-en/in f L9B1
Naturkatastrophe, die ,-n
  L3A4
Naturlandschaft, die ,-en
  L8C1
natürlich L1A1
Natürlichkeit, die L1A2
Naturschutz, der L8F1
Naturwissenschaft, die ,-en
  L6C5
Naturwissenschaftler, der ,-/in f
  L8E1
naturwissenschaftlich L5A3
Nebel, der ,- L7C1
nebenan L9C6
Negative, das L3A8
nehmen:
  in Kauf nehmen L3A1

nehmen:
  wie man's nimmt L7A1
Neigung, die ,-en L7B
nett L1B1
Neubürger, der ,-/in f L9D5
Neuerscheinung, die ,-en L3C1
neugierig L2D1
Neuzeit, die L2B1
nichtsnutzig L4E1
niemals L4E1
no Future L3B7
Nordamerikaner, der ,-/in f
  L1C1
Nordrhein-Westfalen L6A3
Norm, die ,-en L10A1
Normalfall, der ,-¨e L10E3
Normverstoß, der ,-¨e L10A1
Note, die ,-n L4E1
Notendurchschnitt, der ,-e
  L4B1
notwendig L9A1
notwendigerweise L3A1
Notwendigkeit, die ,-en L2D5
Nuance, die ,-n L5A1
Numerus clausus, der L4B1
nutzen L3A1
nützlich L8E2

Oberflächenstruktur, die ,-en
  L8C1
objektiv L5E1
öde L8D1
offenbar L2D1
offensichtlich L7A1
öffentlich L9C2
Öffentlichkeit, die L6C2
ohne L4E1
Ohrfeige, die ,-n L4E1
Okkultismus, der L3A1
ökologisch L3A1
optimal L5A3
Optimist, der ,-en/in f L3A4
optisch L8C1
Orange, die ,-n L8B1
ordentlich L1A2
Ordnung:
  in Ordnung L7B
Organisation, die ,-en L3C2
Organismus, der ,Organismen
  L10A1
orientieren, sich an L10A1
Orientierungsstufe, die ,-n
  L4B1
Originalgedicht, das ,-e L5D1
Originaltext, der ,-e L5A3
Orthographie, die L10B2
orthographisch L10B2
Ostasien L3A1
oval L7D1
Ozeanien L6D1

Pädagogik-Student, der ,-en/in f
  L4D1
pah! L2A3
Pampa, die ,-s L8D1

Papiermark, die L9A2
Paradies, das ,-e L1A2
paradiesisch L1A1
paraphrasieren L8C4
pardon L7G1
Parlament, das ,-e L9D6
Parteifreund, der ,-e L7B
Parteikamerad, der ,-en
  L7B
Party, die ,-s/Parties L1B4
Passant, der ,-en/in f L4D1
Pavillon, der ,-s L5D1
Pedant, der ,-en/in f L6C5
Perfektion, die L1A2
Person:
  . . . in Person sein L1A1
Personengruppe, die ,-n L7F1
Pessimist, der ,-en/in f L3A1
pessimistisch L3A1
Pfarrer, der ,-/in f L9A1
Pfeil, der ,-e L6B5
Pferd, das ,-e L10B3
Pflanze, die ,-n L3A1
pflanzen L3A1
pflegen + zu L9B5
pflichtbewußt L1A1
Pflichtbewußtsein, das L1A2
Pflücken, das L8C2
Phänomen, das ,-e L8C1
Phantasie, die ,-n L6C2
phantasievoll L7D1
Philosophie, die ,-n L8D1
Pilgerziel, das ,-e L9C6
Pinguin, der ,-e L6F
Pizza, die ,-s, Pizzen L1G1
Planet, der ,-en L3A4
Planung, die ,-en L3D1
Planungsvorschlag, der ,-¨e
  L3D1
Podiumsdiskussion, die ,-en
  L3A1
politisch L9D6
Pomp, der L9B5
Positive, das L3A8
Positive, der/die ,-n L3B1
Postgeheimnis, das L9D6
prägen L8D1
Präsident, der ,-en/in f L9D4
praxisnah L3D1
Preisträger, der ,-/in f L6C2
pro L6C2
problemlos L5H1
Programmheft, das ,-e L9A5
promovieren L4F
Propagandakompanie, die ,-n
  L9B1
Prophet, der ,-en/in f L9B5
Protestant, der ,-en/in f L6C5
protestantisch L6C5
Provinz, die ,-en L8D1
Prozent, das ,-e L3A4
Prozentsatz, der ,-¨e L3A4
Prozeß, der ,-sse L3B4
Prüfungsstreß, der L4A4

Publikum, das **L3**A5
Punkt, der ,-e **L2**A1

Qualifikation, die ,-en **L4**B1
Quartier, das (= Stadtviertel) ,-e
  L6F

*radfahren** **L7**B
radieren **L4**E1
Radiergummi, der ,-s **L4**E1
radioaktiv **L3**A1
Radtour, die ,-en **L7**B
rasen **L8**B1
Rasse, die ,-n **L9**D6
rassisch **L6**D1
rationalisieren **L3**A2
Rationalisierung, die ,-en **L3**A1
Reaktion, die ,-en **L3**A1
Reaktorunglück, das ,-e **L3**A1
realisieren **L9**B4
Realisierung, die ,-en **L9**B4
Realschule, die ,-n **L4**B1
recht **L4**A4
Recht, das ,-e **L9**A1
Rechtschreibfehler, der ,- **L5**E1
Rechtsempfinden, das **L5**A2
Rechtsempfindung, die ,-en
  L5A1
Rechtssprache, die **L5**A1
rechtsstehend **L7**D2
Redaktion, die ,-en **L4**D1
Redewendung, die ,-en **L2**A1
Redner, der ,-/in f **L9**A1
Reform, die ,-en **L3**B1
Refugium, das ,Refugien **L8**D1
Regenwasser, das **L3**C2
Region, die ,-en **L6**D1
regional **L10**B2
Regionalismus, der ,
  Regionalismen **L10**B1
reichen **L5**F1
Reichsmark, die **L9**A2
reifen **L8**B1
Reihenfolge, die ,-n **L9**A6
rein **L9**B1
Reisewelle, die ,-n **L9**D2
rekonstruieren **L6**B1
relativ **L1**D1
Religionsgemeinschaft, die ,-en
  L6C5
religiös **L6**D1
Renaissance, die **L2**B1
Rentenmark, die **L9**A2
Reporter, der ,-/in f **L4**D1
Respektperson, die ,-en **L4**E1
restriktiv **L2**D5
Resultat, das ,-e **L3**B4
retten **L3**C4
retten, sich **L6**D2
Revolution, die ,-en **L6**C2
Rhythmus, der ,Rhythmen
  L10D1
richten:
  zugrunde richten **L9**B5

richtig (echt) **L7**A1
Richtung, die ,-en **L7**G2
Riese, der ,-n **L1**D3
riesig **L9**B1
Rind, das ,-er **L8**D1
Risiko, das , Risiken **L3**A1
Roboter, der ,- **L3**A4
Roggenbrot, das ,-e **L9**A2
Romanik, die **L2**B1
Romantik, die **L8**D1
romantisch **L7**D1
rosig **L3**B1
Roß, das , Rösser **L10**B3
Rücken, der ,- **L2**A1
*Rücksicht nehmen** **L1**B4
ruhen **L5**D1
Ruine, die ,-n **L9**C6
rumsprechen*
  (= herumsprechen) **L9**D1
rund (= circa) **L3**C2
Rundfunk, der **L10**A1

sammeln **L5**H4
sämtlich **L3**B1
Sand, der **L9**D2
Sandburg, die ,-en **L2**D1
sanft **L8**B1
satirisch **L9**B5
Satzzeichen, das ,- **L10**D1
sauber **L1**A2
sauberhalten* **L8**C2
Sauberkeit, die **L1**A1
sauer **L3**A1
Sauerstoff, der **L3**C2
Säure, die ,-n **L3**C2
Schaden, der ,-¨ **L3**C2
Schadenfreude, die **L2**E1
scharf **L3**C2
Schatz, der ,-¨e **L7**D1
Schätzchen, das ,- **L7**D1
Schaufenster, das ,- **L9**B5
Schauspielschule, die ,-n
  L4A3
scheinbar **L5**H1
*scheinen** + *zu* **L2**D1
scheitern an **L9**D5
schicken **L9**B1
Schicksal, das ,-e **L6**D2
schief **L2**A3
schießen* **L9**B2
Schiffsreise, die ,-n **L6**C5
Schild, das ,-er **L8**C2
Schimpanse, der ,-n **L6**F
Schlaflosigkeit, die **L6**A1
Schlagwort, das ,-¨er **L9**D2
Schlagzeile, die ,-n **L8**A4
Schlamperei, die ,-en **L1**A1
schlampig **L1**A2
schlank **L2**D1
*schließen** **L10**C4
*schließen** *aus* **L6**F
schließen:
  Brüderschaft schließen
  L7F2
schmal **L2**A1

Schmutzexport, der ,-e **L3**C2
Schmutzimport, der ,-e **L3**C2
schockieren **L7**A4
Schönheitsideal, das,-e **L2**B3
Schönheitswettbewerb, der ,-e
  L2B4
Schrecken, der ,- **L4**E1
Schreibkurs, der ,-e **L4**D1
schrill **L9**B5
Schulabschluß, der ,-¨sse
  L4A1
Schulart, die ,-en **L4**B1
Schulausbildung, die ,-en
  L4B5
Schulbezeichnung, die ,-en
  L4B1
schulden **L6**F
Schüleraufsatz, der ,-¨e
  L10A3
Schulerfahrung, die ,-en **L4**A4
Schülertext, der ,-e **L10**A3
Schulform, die ,-en **L4**B1
Schulfreund, der ,-e **L7**B
Schulgeld, das ,-er **L4**A1
Schulglocke, die ,-n **L4**E1
Schuljahr, das ,-e **L4**B1
Schuljahresende, das **L4**A1
Schulkamerad, der ,-en **L7**B
Schulpflicht, die **L4**B1
Schulsystem, das ,-e **L4**A4
Schulter, die ,-n **L2**A3
Schultyp, der ,-en **L4**B1
Schulweg, der ,-e **L4**E1
Schulzeit, die **L4**E1
Schüttelkasten, der ,-¨ **L10**E2
Schutthalde, die ,-n **L9**C6
Schutz, der **L3**C5
schützen **L2**D1
schützen vor **L8**B3
schwärmen **L9**B2
Schwarzafrika **L6**D1
Schwefel, der **L3**C2
Schwefeldioxid, das **L3**C2
Schwefelsäure, die **L3**C2
schweigen* **L7**A1
Schwellenland, das ,-¨er **L3**A1
Schwerarbeit, die **L3**B1
See, der ,-n **L9**D2
sehen:
  sieh mal einer an! **L2**A3
Sehenswürdigkeit, die ,-en
  L9C6
Sehnsucht, die ,-¨e **L5**A6
selber **L7**C1
selbstbewußt **L7**D1
Semikolon, das ,-s **L10**D1
Senegal **L3**A1
setzen (Normen setzen)
  L10A1
setzen:
  unter Druck ... **L6**D1
Setzung, die ,-en **L10**D1
Sexualität, die **L1**F1
Sichel, die ,-n **L9**D2
Siedlung, die ,-en **L8**C1

169

siezen **L7F1**
Signal, das ,-e **L4D4**
signalisieren **L3B3**
Silbenrätsel, das ,- **L8B3**
Silberdose, die ,-n **L9C3**
Sinn:
   in strengem Sinne **L7B**
Sinn:
   im übertragenen ... **L2C3**
Sinnabschnitt, der ,-e
   L10D1
Sittlichkeit, die **L9A1**
sitzen:
   jmdn. sitzen lassen **L2C3**
Skeptische, er/die ,-n **L3B1**
sodann **L8C1**
sogenannt **L4A1**
solange **L7C1**
Soldat, der ,-en **L6F**
solid(e) **L3C1**
Sonnenschein, der **L9D2**
Sonstige, das **L10B1**
Sorge, die ,-n **L3B1**
sorgen für **L1B4**
soweit **L6B1**
Spaghetti, die *(Plural)* **L1G1**
spanischsprachig **L6B1**
spätestens **L3B1**
Speise, die ,-n **L6F**
Spiegelbild, das ,-er **L2A4**
Spiegelkabinett, das ,-e **L2A3**
spitz **L2A3**
Spitze, die ,-n **L5F1**
spitznasig **L4E1**
spontan **L1A2**
Spontaneität, die **L1A1**
Sportkamerad, der ,-en **L7F2**
sportlich **L2A3**
Sprachakademie, die ,-n
   L10A1
Sprachbuch, das ,-¨er **L3D4**
Sprachentwicklung, die ,-en
   L1A1
Sprachfamilie, die ,-n **L5H1**
Sprachgruppe, die ,-n **L5H1**
Sprachkenntnis, die ,-se
   L10C1
Sprachnorm, die ,-en **L10A1**
Sprachnormdiskussion, die ,-en
   L10A1
Sprachodyssee, die ,-n **L6B1**
Sprachraum, der ,-¨e **L6F**
Sprachregel, die ,-n **L10A1**
spüren **L5D1**
Staatsoper, die ,-n **L9B5**
Stadtrand, der ,-¨er **L6E1**
Stadtteil, der ,-e **L6E1**
Stahlwerk, das ,-e **L4B2**
Stamm, der , -¨e **L8G1**
Stand, der (zeitlich) **L8B1**
Standpunkt, der ,-e **L3A1**
Stärke, die ,-n **L9B2**
statt **L4A3**
Staub, der **L9C6**
steckenbleiben* **L7A1**

stehen:
   jmdn. stehen lassen **L2C3**
stehen:
   vor Gericht ... **L5A1**
stehend **L3C3**
Steinzeit, die **L2B1**
sterbend **L3C2**
stets **L7B**
still **L3C1**
Stille, die **L5D1**
Stilunterschied, der ,-e **L4D6**
Stimme, die ,-n **L4A1**
Stipendienantrag, der ,-¨e
   L4F
Stirn, die ,-en **L2A1**
Straßenverkehrsordnung,
   die ,-en **L10A1**
Straßenzug, der ,-¨e **L9D5**
strecken **L2E1**
streifen (berühren) **L8A1**
Streit, der **L9B2**
streng **L7B**
Streß, der **L3A4**
Strich, der ,-e **L2A1**
Stube:
   die gute Stube **L9B1**
Studentenleben, das **L4A1**
Studentenwohnheim, das ,-e
   L1B4
Studienanfänger ,-/in f **L4B1**
Studienbewerber, der ,-/in f
   L4B1
Studienfreund, der ,-e **L7B**
Studienkamerad, der ,-en **L7B**
Studienkolleg, das ,-s **L4B1**
Stufe, die ,-n **L4F**
stumm **L5D1**
Stütze, die ,-n **L6B1**
Suche, die **L9C3**
suchen, sich **L4A3**
süddeutsch **L10B1**
Südkorea **L3A1**
Südmexiko **L5H1**
südöstlich **L6E1**
süßen **L7D3**
Supermann, der ,-¨er **L2A3**
Symbol, das ,-e **L6B3**
symbolisch **L9B1**
Sympathie, die ,-n **L7C2**
Symphonie, die ,-n **L9A5**
synonym **L9C8**
Synonym, das ,-e **L5D1**
Syrien **L6C2**

tabellarisch **L4B3**
Tabu, das ,-s **L1A1**
Tafel, die (Tisch) ,-n **L9B1**
Tal, das ,-¨er **L6A3**
Tat:
   in der Tat **L6B2**
Tatsache, die ,-n **L10A1**
technisch **L3A1**
Technologie, die ,-n **L3A1**
teilen, sich in etwas **L9B2**
Telefonbuch, das ,-¨er **L4D1**

Telefongespräch, das ,-e **L7G1**
telefonisch **L7G2**
Telefonkonvention, die ,-en
   L7G1
Telekommunikation, die **L3B1**
Territorium, das, Territorien
   L6F
Textstelle, die ,-en **L3C2**
Textzeile, die ,-n **L9A5**
theatralisch **L9B5**
Tiefe, die ,-n **L7B**
Tiger, der ,- **L6F**
Todestag, der ,-e **L4E1**
Tonne, die ,-n **L3C2**
total **L4D1**
traditionell **L4B1**
Träger, der ,-/in f **L6C2**
Tragik, die **L9C6**
Transparent, das ,-e **L9D1**
trauen (einer Person) **L1C3**
trauen, sich **L1B4**
Traumidee, die ,-n **L9C6**
Traumreise, die ,-n **L9D2**
traurig **L4E1**
traut **L9D2**
treffen* (eine Wahl) **L7B**
Treffpunkt, der ,-e **L7A1**
Trend, der ,-s **L7F1**
Treppe, die ,-n **L4E1**
Treppengespräch, das ,-e **L1B4**
*treten** **L4E1**
treu **L5H1**
Trick, der ,-s **L4E1**
trinken:
   Brüderschaft trinken **L7F2**
triumphieren **L9B5**
Trottel, der ,- **L10A3**
trotz **L4A1**
trotzig **L4E1**
Trümmerlandschaft, die ,-en
   L9C7
Trümmertal, das ,-¨er **L9C6**
Tulpe, die ,-n **L8B1**
Turm, der ,-¨e **L5F1**

überdurchschnittlich **L6E1**
übergehen* zu **L7F2**
Übergewicht, das **L4E1**
überlassen*:
   etwas seinem Zustand ...
   L9C6
überleben **L3A4**
überlegen **L4E1**
Überlegung, die ,-en **L3A1**
*übernehmen** **L3D2**
überraschen **L7A1**
Übersetzerspiel, das ,-e **L5E6**
Übersetzung, die ,-en **L3C4**
Übersetzungsmaschine, die ,-en
   L10D5
Übersetzungsproblem, das ,-e
   L5H1
Übersicht, die ,-en **L3A7**
übertragen:
   im übertragenen Sinn **L2C3**

übertragen* (anwenden auf) **L7D1**

übertreiben* **L1D1**

übertrieben **L4A4**

umdenken* **L9D1**

umdrehen, sich **L7A1**

umfassen **L4B1**

Umfrage, die ,-n **L7F1**

Umgang, der:
im Umgang mit **L5E1**

Umgangsform, die ,-en **L4A1**

umgangssprachlich **L2D5**

umgeben* **L9B1**

Umgebung, die ,-en **L6A2**

Umschulungskurs, der ,-e **L4B1**

umsehen* **L3D2**

Umwelt, die **L3A1**

Umweltbelastung, die ,-en **L3A1**

Umweltschaden, der ,-¨ **L3C2**

Umweltschützer, der ,-/in f **L8E1**

Umweltschutzorganisation, die ,-en **L3C5**

Umweltverschmutzung, die **L3A1**

unartig **L4E1**

unbegabt **L6B3**

unbehaglich **L9B5**

unberührt **L8C1**

unentbehrlich **L8D1**

ungefährlich **L5H3**

ungeheuer **L4E1**

ungeküßt **L5H3**

ungeliebt **L5H3**

Universitätsstudium, das ,-studien **L4A3**

unkundig **L10A3**

unlösbar **L5H3**

Unruhe, die **L7A1**

unsympathisch **L7A1**

unter anderem (= u.a.) **L5A1**

untereinander **L6B2**

untergehen* **L3A1**

untergehen* (Sonne) **L9D2**

Unterhaltungsmusik, die **L7C2**

unterlassen* **L2C2**

unterlaufen* (ein Fehler) **L10A3**

Unternehmer, der ,-/in f **L9D1**

unterscheiden* **L8C3**

Unterscheidung, die ,-en **8C1**

unterschiedlich **L3A1**

Unterschrift, die ,-en **L4F**

unterwerfen*:
Moden unterworfen sein **L10D1**

nüblich **L7G1**

unvergleichlich **L8C4**

unverletzlich **L9D6**

unvertauschbar **L6F**

unvertreibbar **L6B1**

unvollkommen **L9D4**

unzuverlässig **L1B1**

Urkunde, die ,-n **L5C1**

Ursprungsland, das ,-¨er **L6A2**

Urteil, das ,-e **L1A1**

Utopie, die ,-n **L9B3**

Veilchen, das ,- **L8A1**

Veränderung, die ,-en **L10D1**

veranlassen **L2C2**

veranstalten **L4B1**

Verantwortung, die **L5A1**

Verband, der (= Vereinigung) ,-¨e **L6E1**

verbessern **L4B1**

verbinden* **L2B1**

Verbindung, die ,-en **L3A1**

verbleiben* **L4F**

verbrauchen **L8D1**

Verbrecher, der ,-/in f **L9C1**

verbrennen* zu **L3C2**

Verbrennung, die ,-en **L3C2**

verbringen* **L6B5**

verbunden:
sich mit etw./jmd. . . . . fühlen **L6A3**

verdoppeln **L3A4**

verehrt **L8C1**

Verfassung, die (Gesetz) ,-en **L9D6**

verfließen* (Zeit) **L7C2**

Verfolgung, die ,-en **L6B7**

verfremden **L10D1**

vergeben*:
einen Preis . . . **L6C3**

vergeblich **L9A1**

vergehen* **L7A1**

Vergeltung, die **L4E1**

Vergiftung, die ,-en **L3A4**

Verhältnis, das ,-se **L3A1**

Verkehr, der **L3B1**

Verkehrsproblem, das ,-e **L3B1**

verkehrsreich **L3B1**

Verlagsprogramm, das ,-e **L3D2**

Verlagsvertreter, der ,-/in f **L3D1**

verlangen **L4E1**

Verleger, der ,-/in f **L3D1**

verletzen **L1F1**

Verliebte, der/die ,-n **L7D1**

vermenschlichen **L8D1**

vermuten **L4D1**

Vermutung, die ,-en **L1D1**

vernehmen* (hören) **L8A1**

veröffentlichen **L5D1**

verrückt **L10C1**

versammeln (sich) **L9D1**

Versammelten, die (Plural) **L9A1**

verschleiern **L7D1**

verschließen* **L2D1**

verschmutzt sein **L3A2**

Versetzung, die ,-en **L4E1**

Verseuchung, die ,-en **L3A1**

versinken* **L9D2**

verspäten **L9D4**

Verstand, der **L2A3**

verstärken, sich **L7B**

verstehen* unter **L6A3**

verstehen*, sich **L3A4**

verstoßen*, gegen **L10A1**

verstricken, sich **L9B2**

Vertragsentwurf, der ,-¨e **L7G2**

vertraut **L7F2**

Vertrautheit, die **L7D1**

vertreiben* **L6B1**

Vertreibung, die ,-en **L6F**

verursachen **L3C2**

vervollständigen **L9B5**

verwählen, sich **L7G1**

verwenden **L3A2**

verwirren **L5F1**

verzeihen* **L8C4**

Verzeihung, die **L4E1**

vielerlei **L6B3**

vielmehr **L2A1**

viermonatig **L4F**

Viertel, das (= Stadtviertel) ,- **L6E2**

Vogelzeigen, das **L2E1**

Volkshochschule, die ,-n **L4D1**

Volkslied, das ,-er **L7C2**

Volksschule, die ,-n **L4E1**

Volksweisheit, die ,-en **L10D1**

vollautomatisch **L3A1**

vollenden **L5F1**

völlig **L7A1**

vollständig **L3A1**

Vollverb, das ,-en **L4C1**

vor allem (= v.a.) **L6E1**

voraussagen **L9B5**

Vorbedingung, die ,-en **L9B1**

vorbeikommen* bei **L10A3**

vorbereiten **L8F1**

Vorgang, der ,-¨e **L3B3**

Vorgänger, der ,-/in f **L3A1**

Vorgeschichte, die **L2B1**

vorhanden sein **L7B**

vorhin **L3A1**

vorig- **L10B1**

Vorjahr, das ,-e **L6D1**

vorkommen* **L3D1**

vorkommen*:
das kommt mir . . . vor **L2D1**

Vormarsch:
auf dem . . . sein **L4D1**

Vorschlag, der ,-¨e **L3D1**

Vorschule, die ,-n **L4A1**

Vorsicht, die **L1A2**

vorstellen, sich **L7A1**

vortäuschen **L7B**

Vorüberlegung, die ,-en **L1C1**

wachsen* **L3C3**

wachsend **L3C2**

wagen **L4E1**

wählen **L9D6**
wählen (Telefon) **L7G1**
Wahlrecht, das **L9D6**
Wahnbild, das ,-er **L9C6**
während **L4A1**
Wahrsager, der ,-/in f **L3A7**
Wahrsagerei, die ,-en **L3A1**
waldarm **L8D1**
Waldsterben, das **L3A1**
wandeln, sich **L10D1**
Wandervogel, der ,-¨ **L8B1**
wärmen **L9B2**
was **L5G**
Wechsel, der **L8B1**
weg **L2D2**
wegfallen* **L3B1**
Weiterbildung, die **L4B1**
weiterentwickeln **L3A2**
*weiterhelfen** **L3A1**
weiterlernen **L4A1**
welcher, welche, welches
  L5G
Welt:
  auf die ... kommen **L6B2**
Weltbevölkerung, die **L3C4**
Weltgeschichte, die **L9A1**
Weltkrieg, der ,-e **L9B6**
Weltmann, der **L6C5**
Weltnachrichten, die *(Plural)*
  L10E2
weltweit **L3B1**
Weltwirtschaftskrise, die ,-n
  L9A2
wenden*, sich gegen **L9B5**
Wendung, die ,-en **L3C1**
Werbewirkung, die ,-en **L5A3**
Werk, das ,-e **L5F1**
Wert, der ,-e:
  im Wert von **L3C1**
Wert legen auf **L4A1**
Westeuropa **L6D1**
westlich **L7D1**
Wetterbrief, der ,-e **L8B1**
*widersprechen** **L1A1**
*wiedergeben** **L5H1**
Wiederholung, die ,-en **L4B4**
Wiederhören:
  auf Wiederhören **L7G2**
Wiege, die ,-n:
  es war mir in die ... gelegt
    L9D1
wild **L8D1**
willkommen **L3C1**

Wipfel, der ,- **L5D1**
wirken (arbeiten für) **L9A1**
Wirkung, die ,-en **L3C2**
Wirt, der ,-e/in f **L9D1**
Wirtschaftswunder, das ,-
  L9C7
Wissenschaft, die ,-en **L6C2**
wissenschaftlich **L3D4**
wo **L5G**
wochenlang **L8B1**
wohlbekannt **L8A1**
Wohnort, der ,-e **L6A2**
Wörterbuchproduktion, die
  ,-en **L3D1**
Wörtersee, der **L7B**
Wort-für-Wort-Übersetzung,
  die ,-en **L5D1**
Wortgrenze, die ,-n **L10D4**
Wortschatz, der **L10B2**
Wortsonne, die ,-n **L5A2**
Wortwahl, die **L7B**
wunderbar **L2A3**
Wüste, die ,-n **L8C1**
wüstenartig **L8D1**
Wüstengazelle, die ,-n **L7D1**

zahlen **L4A1**
Zahlwort, das ,-¨er **L1E4**
Zahn, der ,-¨e **L2A1**
Zahntechniker, der ,-/in f
  L4B2
zärtlich **L5A6**
Zauber, der ,- **L8D1**
Zaun, der ,-¨e **L2D1**
z. B. (= zum Beispiel) **L4D1**
Zeh, der ,-en **L2A1**
Zeichen, das ,- **L2E1**
Zeichensetzung, die ,-en
  L10D1
zeigen:
  sich zeigen an **L3C2**
Zeitabschnitt, der ,-e **L2B1**
Zeitangabe, die ,-n **L3B2**
Zeitgenosse, der ,-n/in f
  L6C2
Zeitungsbericht, der ,-e **L4D1**
zentral **L4B1**
Zentralafrika **L5H1**
Zentrum, das ,Zentren **L4A1**
zerrissen **L9C6**
Zerstörung, die ,-en **L3C2**
Zertifikat, das ,-e **L4F**
Zettel, der ,- **L0**

*ziehen** (Luftzug) **L10C4**
Zoo, der ,-s **L6F**
zueinander **L1F1**
Zufriedenheit, die **L1A1**
Zugang, der ,-¨e **L4B1**
zugeben* **L4E1**
zugelassen sein **L5A1**
zugetan sein **L7B**
zugrunde richten **L9B5**
Zukunftsangst, die ,-¨e **L3B7**
Zukunftsaussicht, die ,-en
  L3A1
Zukunftsfrage, die ,-n **L3A1**
Zukunftsproblem, das ,-e
  L7E1
zulassen* **L2C2**
Zulassungsbeschränkung, die
  ,-en **L4B1**
zulaufen* auf **L7A1**
zumachen (Fenster) **L10C4**
zumute:
  mir wurde ... zumute **L9B5**
zunächst **L3A4**
Zuneigung, die ,-en **L7D1**
Zuordnung, die ,-en **L9D6**
zurechtfinden*, sich **L4A1**
*zurücklassen** **L6D2**
zurückübersetzen **L5D1**
zusammenarbeiten **L4A1**
Zusammenbruch, der ,-¨e
  L9C7
zusammenfassen **L3A2**
zusammenfinden* **L3C2**
zusammengesetzt **L8B3**
Zusammenhalt, der **L1F1**
zusammenhängen* mit **L4A1**
zusammenhängend **L3A4**
zusammenstellen **L7A2**
zusammenziehen* (= enger
  machen) **L2A1**
Zustand, der ,-¨e **L1A1**
Zustand:
  etwas seinem ... überlassen
    L9C6
zustehen* **L9D5**
zustimmen **L3A1**
Zutritt, der **L2D1**
zuverlässig **L1A1**
Zuverlässigkeit, die **L1A2**
zwar ... jedoch **L3A1**
zweifeln an **L3A1**
zweimonatig **L4B2**
Zwerg, der ,-e **L1D3**

Quellennachweis: Texte

Seite 14: Elefantenwitz. Frei nach: Schule und wir. Hrsg. Bayerisches Staatsministerium für Unterricht und Kultus 1/83.

Seite 19: Wiemer, Rudolf Otto: Unbestimmte Zahlwörter. Aus: Beispiele zur Deutschen Grammatik. Wolfgang Fietkau Verlag, Berlin 1971.

Seite 20: 1. Auszüge aus: Ich habe euch so eine wie die zu Hause. Stuttgarter Zeitung 23.4.81/2. Auszüge aus: Haben die Deutschen nichts zu lachen? Stuttgarter Zeitung 14.3.81/3. Der gefesselte Riese: Die BRD aus der Sicht ausländischer Korrespondenten. Econ-Verlag, Düsseldorf 1981./4. Auszüge aus: Ägypten und Deutschland Aufsätze ägyptischer Studenten. Hrsg.: Hans Arnold Rau. Express Edition, Berlin 1985./5. Auszüge aus: Ein Afrikaner missionierte in Coburg. Schwäbisches Tagblatt 7.7.1982. © Bernd Mayer, Bayreuth.

Seite 44: No future – Keine Zukunft. Aus: Jugend vom Umtausch ausgeschlossen. Rowohlt Taschenbuchverlag GmbH, Frankfurt, 1984.

Seite 45: Rede von Bundesaußenminister Hans-Dietrich Genscher zur Eröffnung der Frankfurter Buchmesse 1986 (stark gekürzt). Auswärtiges Amt, Bonn/Statistik. Aus: Buch und Buchhandel in Zahlen 1987. Hrsg.: Börsenverein des Deutschen Buchhandels. Buchhändler Vereinigung GmbH, Frankfurt 1988.

Seite 59: Goethe, Johann Wolfgang v.: Mignon. Aus: Johann Wolfgang von Goethe: Gedichte. Vollständige Ausgabe. J. G. Cotta'sche Buchhandlung Nachfolger, Stuttgart.

Seite 64: Aus: Kafka, Franz: Briefe an Milena (stark gekürzt). Schocken Books Inc., New York City, USA 1952.

Seite 65: Nach: Brecht in Augsburg. Erinnerungen, Texte, Fotos, Eine Dokumentation von Frisch, W., und Obermeier, K. W. Suhrkamp taschenbuch, Frankfurt 1976.

Seite 68: Dolmetschen vor Gericht (gekürzt und leicht verändert). Aus: Uni: Berufswahl-Magazin 7.8.1984.

Seite 69: Übersetzung eines Werbetextes (gekürzt und leicht verändert). Aus: Uni: Berufswahl-Magazin 7.8.1984.

Seite 70: Private Texte (gekürzt und leicht verändert). Aus: Uni: Berufswahl-Magazin 7.8.1984./Liebesbrief. Aus: Liebenau, Ferdinand v.: Liebesbriefe. Heyne Verlag, München 1985.

Seite 73: Definitionen: Aus: Uni: Berufswahl-Magazin 7.8.1984.

Seite 75: 1. Goethe, Johann Wolfgang v.: Wanderers Nachtlied. Aus: Johann Wolfgang von Goethe:

Gedichte: a.a.O./2. Wössner, Freimut: Ein Gleiches. Aus: Zitty Nr. 12, Berlin 1982. © Wössner, Freimut, Berlin./3. Aus: Lange, Claudio: Museum der Utopien vom Überleben. Transit Buchverlag, Berlin.

Seite 78: Der Turm in Babel. Nach: Borst, Arnold: Der Turmbau von Babel, Band I. Anton Hiersemann Verlag, Stuttgart 1957.

Seite 80: Hund ist nicht Hund. Nach: Duchrow, Claudia: Die Bibel läßt sich nicht übersetzen. Spandauer Volksblatt, Berlin Juni 1984.

Seite 82: Kim Lan Thai: Begegnung. Aus: Ein Fremder in Deutschland. Hrsg.: Ackermann, Irmgard. Deutscher Taschenbuch Verlag, München 1982./Kiesewetter, Knut: Fahr mit mir den Fluß hinunter. © Peer Musikverlag GmbH, Hamburg, 1972. Aus: Koestler, Arthur: Als Zeuge der Zeit – Das Abenteuer meines Lebens. Scherz Verlag, Bern.

Seite 83: 1. Definition Heimat. Aus: Der große Brockhaus Band 5. Bibliographisches Institut & F.A. Brockhaus, Mannheim 1979./2. Definition Heimat. Aus: Aktuell – Das Lexikon der Gegenwart. Chronik Verlag, Dortmund 1984./3. Definition Vaterland. Aus: Brockhaus-Wahrig: Deutsches Wörterbuch Band 6. Bibliographisches Institut & F.A. Brockhaus, Mannheim.

Seite 84: Domin, Hilde: Wo steht unser Mandelbaum. Aus: Domin, Hilde: Gesammelte Werke. S. Fischer Verlag, Frankfurt 1987.

Seite 85: 1. und 2. Aus: Domin, Hilde: Leben als Sprachodyssee. In: Autobiografisches aus und über Deutschland. Piper Verlag, München/ 3. Aus: Domin, Hilde: Unter Akrobaten und Vögeln. Fast ein Lebenslauf. In: Domin, Hilde: Von der Natur nicht vorgesehen. Autobiographisches. Piper Verlag, München/Domin, Hilde: Exil. Aus: Domin, Hilde: Gesammelte Gedichte. S. Fischer Verlag, Frankfurt 1987./Aus: Domin, Hilde: Mein Vater, wie ich ihn erinnere. In: Domin, Hilde: Von der Natur nicht vorgesehen. Autobiographisches. Piper Verlag, München.

Seite 88: Zitat von Aras Ören. Aus: Chamissos Enkel. Hrsg.: Ackermann, Ingrid. Deutscher Taschenbuch Verlag, München 1985.

Seite 90: Überall ein Fremder. Nach: Ross, Werner: Adelbert von Chamisso – Emigrant und Wanderer. In: Chamissos Enkel. dtv a.a.O. und nach: Lahnstein, Peter: Ich bin überall ein Fremder. Adelbert von Chamisso zum 200. Geburtstag. Stuttgarter Zeitung 31.1.1981.

Seite 91: Kanon. Aus: Gedichte von Adelbert Chamisso. Hrsg.: Rau-

schenbusch, Wilhelm. Berlin 1876.

Seite 92: Ein ungelöstes Weltproblem. Nach: UNO-Flüchtlingskommissariat. imu 870304.

Seite 93: Ein Flüchtlingsschicksal. Nach: Das weltweite Flüchtlingsproblem, sozialwissenschaftliche Versuche der Annäherung. Hrsg.: Ashkenasi, Abraham. edition CDN, Bremen 1988.

Seite 94: Deutsche in Brüssel. Aus: SWF-Forum. Sendung des Südwestfunk Stuttgart mit Sven-Claude Bettinger und Konstantin von Vietinghoff-Scheel.

Seite 96: Fragebogen. Aus: Frisch, Max: Tagebuch 1966–1971. Suhrkamp Verlag, Frankfurt 1972.

Seite 102: Witte, Eva: Der Freund im Wörtersee (gekürzt und leicht vereinfacht). Brigitte Heft 16, 1987./Worin besteht der Unterschied zwischen Freund und Kamerad? (stark gekürzt). Aus: Der Sprachdienst, Jg. XXIX 1985.

Seite 103: Reinig, Christa: Endlich. Aus: Reinig, Christa: Sämtliche Gedichte. Eremiten Presse, Düsseldorf 1984/Hesse, Hermann: Im Nebel. Aus: Hesse, Hermann: Gesammelte Gedichte. Suhrkamp Verlag, Frankfurt 1977/Aphorismus. Aus: Schopenhauer, Arthur: Sämtliche Werke, Band 5. F.A. Brockhaus Verlag, Wiesbaden 1966.

Seite 104: Liebling, mein Herz läßt dich grüßen. Ufaton-Verlagsgesellschaft, Berlin 1930/Es waren zwei Königskinder. Aus: Das goldene Buch der Lieder. Hrsg.: Klaass, Robert. Rud. Erdmann Musikverlag, Bonn-Wiesbaden 1956.

Seite 105: Liebesmetaphorik international. Nach: Berlitz, Charles: Die wunderbare Welt der Sprachen. Zsolnay Verlag, Wien-Hamburg 1982.

Seite 108: Mein Mann ist Ausländer. Nach: Helga Leeb: Das Paar, das viermal heiratete – Mein Mann ist Ausländer. Brigitte, Heft 5, 1982.

Seite 114: Mörike, Eduard: Frühling. Aus: Eduard Mörike. Sämtliche Werke I. Winkler Verlag, München./Jandl, Ernst: lassen lässt. Aus: Jandl, Ernst: Serienfuss. Luchterhand Literaturverlag, Frankfurt 1974.

Seite 115: Es wird in hundert Jahren . . .: © 1931 by Alrobi Musikverlag-Dreiklang-Dreimasken Bühnen- und Musikverlag GmbH, Berlin-München.

Seite 116: Die Frühlingsreise (stark gekürzt). Aus: Krüger, Horst: Die Frühlingsreise – Wetterbriefe aus Europa. Hoffmann und Campe Verlag, Hamburg 1978.

Seite 122: Zweimal Landschaft: 1. Aus: Altube-Scheuffelen, Maite: Von Hüben und Drüben. In: Als Fremder in Deutschland. Hrsg.: Ackermann, Irmgard. Deutscher

Taschenbuchverlag, München 1982/2. Aus: Sana, Heleno: Verstehen Sie Deutschland? Campus Verlag, Frankfurt-New York 1986.
Seite 124: Was heißt hier Natur? Nach: Wombs, Brigitte: Was heißt hier Natur. In: Natur 12/83.
Seite 127: Ein Kinoereignis, das alle Grenzen sprengt: P. Buchka. Aus: Süddeutsche Zeitung vom 3.7.1984/Geh über die Dörfer: Aus: Spiegel-Nr. 40/84.
Seite 128: Aus dem Drehbuch „Heimat". Greno Verlag, Nördlingen 1985. © Verlag der Autoren, Frankfurt/Main 1984.
Seite 129: Das Elend der Inflation. Aus: Unsere Geschichte, Band III. Diesterweg Verlag, Frankfurt 1985/Am 5. November 1923. Aus: Geschichte mit Pfiff 1/80.
Seite 131: Ich hab für dich 'nen Blumentopf bestellt. Wiener Bohème Verlag, Berlin-München 1930./In nur sieben Jahren ... : A. Lahner, München.
Seite 132: Aus dem Drehbuch „Heimat": a.a.O.

Seite 133: Härtling, Peter: Wenn jeder eine Blume pflanzte. Aus: Härtling, Peter: Die Gedichte 1953–1987, Sammlung Luchterhand, Frankfurt 1989.
Seite 134: Tabelle: getötete Soldaten. Aus: Unsere Geschichte, Band III. Diesterweg Verlag, Frankfurt 1986.
Seite 135: Bei der Verbrennung meiner Bücher. Aus: Kästner, Erich: Bei Durchsicht meiner Bücher (Vorwort gekürzt). Atrium Verlag, Zürich.
Seite 136: Aus dem Drehbuch „Heimat": a.a.O.
Seite 138: Kerr, Alfred: Nürnberg, das war eine Stadt. Aus: Die Welt im Licht. Hrsg.: Luft, Friedrich. Kiepenheuer & Witsch, Köln.
Seite 139: So tun als ob. Aus: Ritt über dem Bodensee. Spiegel 14/1978
Seite 140: Aus dem Drehbuch „Heimat": a.a.O.
Seite 142: Was weißt du von der

Mauer? Aus: Heute und die 30 Jahre davor. Hrsg.: Wildermuth, Rosemarie. Heinrich Ellermann Verlag, München 1978.
Seite 143: Grass, Günter: In Kreuzberg fehlt ein Minarett. Aus: Grass, Günter: Werke, Band IX. Luchterhand Literaturverlag; Frankfurt 1987.
Seite 144: Wer hat welche Rechte? Auszüge aus: Bürgerliches Gesetzbuch.
Seite 147: Bravo, Ivan Tapia: Das bin ich mir schuldig. Aus: In zwei Sprachen leben. Hrsg.: Ackermann, Ingrid. Deutscher Taschenbuch Verlag, München 1983.
Seite 149: Ismail, Fatma Mohamed: Ein deutsches Nein heißt Nein. Aus: In zwei Sprachen leben. Hrsg. Ackermann, Ingrid. Deutscher Taschenbuch Verlag 1983.
Seite 154: Meidinger-Geise, Inge: Lehre.

Quellennachweis: Abbildungen

Seite 7: Rumpelstilzchen: Neureuther, Eugen Napoleon: Der Wunderborn. Eine Sammlung der schönsten Märchen und Sagen aus deutschen Gauen. Herausgegeben von Karl Seifart. Illustriert von Eugen N. Neureuther. Stuttgart: Kröner 1882. VIII, 192 S. 40.
Seite 15: Cartoon Hägar: Aus: Hägar der Schreckliche. © 1989 Kind Features Inc./Distr. Bulls.
Seite 21: Fotos: Montageband: Michael Wolf „VISUM" Agentur für Fotodesign und Bildjournalismus, Hamburg. Aus: „wir – Fotografen sehen die Bundesrepublik". Beltz-Verlag, Weinheim und Basel/Badefoto: Adelheid Heine-Stillmark, Karlsruhe/Waschmaschine: Siemens-Elektrogeräte GmbH, München/Büro: Deutsche Olivetti, Frankfurt/Auto: Aus: ACE-Ikonrad Nr. 3/88. ACE-Verlag, Stuttgart/Kernkraftwerk in Gundremmingen: dpa, Frankfurt/M.
Seite 23: Ballettszene: Gert Weigelt, Köln.
Seite 24: Figurengedicht nach Paul Maar. Aus: „Onkel Florians fliegender Flohmarkt". Verlag Friedrich Oetinger, Hamburg 1977/unten links: Denker-Kopf: Barbara Ulrich, München/unten rechts: Horst Antes: Maskierte Figur auf Gelb. © Ralph Kleinhempel, Hamburg in der Kunsthalle.
Seite 25: Zerrspiegel: Aus: Der Spiegel vom 3.11.86.
Seite 27: unten von links: Botticelli: Die Geburt der Venus. Ediz.

Giusti di S. Becocci, Firenze/Aufkleber von Fiorucci/Venus von Willendorf. Prähistorische Abteilung, Naturhistorisches Museum, Wien/Die Mutter Gottes mit der Erbsblüte. Germanisches Nationalmuseum, Nürnberg.
Seite 28: Rainer Werner Fassbinder: Aus: aktuell '84. Chronik Verlag. © The Associated Press Photo GmbH/Rembrandt: Selbstbildnis mit Samtbarett. Gemäldegalerie Staatliche Museen, Preußischer Kulturbesitz, Berlin/Karl Marx: Karl-Marx-Haus, Trier/Albrecht Dürer: Selbstbildnis. Direktion d. Bayerischen Staatsgemäldesammlungen, München.
Seite 29: Struwwelpeter: Aus: Der Struwwelpeter von Dr. Heinrich Hofmann, Diogenes Verlag, Zürich.
Seite 31: Fotos: Barbara Ulrich, München.
Seite 32: Fotos: oben links: E. Oechslein, Bildagentur Mauritius, Mittenwald/oben rechts: Balkone: Aus: Herlinde Koelbl: Hierzulande. Greno Verlag, Nördlingen © Herlinde Koelbl, Neuried bei München/unten: Kein Zutritt: E. Deckert, Stuttgart/Strandkörbe: Aus: HB-Bildatlas: Ostsee und Holsteinische Schweiz. Harksheide Verlagsgesellschaft mbH, Norderstedt/Büroflur: Uwe Neumann, Stuttgart.
Seite 35: Abbildung: Aus: Rainer E. Kirsten und Joachim Müller-Schwarz: Gruppentraining.

Rowohlt Taschenbuchverlag, Reinbek © Deutsche Verlags-Anstalt, Stuttgart, 1973.
Seite 36: Fotos: Barbara Ulrich, München.
Seite 37: Collage: Pendel: A. Lahner/Astrologieladen: Barbara Ulrich, München/Wahrsagerin: Aus: Stuttgarter Zeitung. © Gemeinschaftsdienst der Boden- und Kommunal-Kreditinstitute, Frankfurt/Autobahn: A. Lahner.
Seite 44: Wahrsagerin: a.a.O.
Seite 45: Buchmessezeichen 88: © Ausstellungs- und Messe GmbH des Börsenvereins des Deutschen Buchhandels, Frankfurt.
Seite 47: Aufkleber von links: Greenpace e.V., Hamburg/Bund für Umwelt- und Naturschutz, Bonn/Deutscher Bund für Vogelschutz, Bonn/Umweltstiftung WWF-Deutschland, Frankfurt.
Seite 48: Foto: Buchmesse: Aus: Scala 2/87. © ZEFA Zentrale Farbbild Agentur GmbH, Düsseldorf/Cartoon: Aus: Börsenblatt 34 v. 28.4.1987. © Reinhard Kugler, Pulheim.
Seite 50: Cartoon: Aus: Börsenblatt 46 vom 10.6.1987. © Eberhard Holz, Beaulieu, Frankreich.
Seite 51: Klassenfotos von oben: Jacques Douin, Paris/Alexander Ulrich, Prien/Ingeborg Kellerer-Dörfl/Barbara Ulrich, München.
Seite 52: Emblem: Deutsche Welle, Köln.
Seite 55: oben links und rechts: dpa, Frankfurt am Main/unten

links: Uwe Neumann, Stuttgart/ unten rechts: Herzog foto-present, Essen.
Seite 56: Foto: Christa Fischer, Waldhausen.
Seite 59: Cartoon: Aus: Die demokratische Schule, GEW Bayern.
Seite 60: Foto: Uwe Neumann, Stuttgart.
Seite 62: Fotos: Barbara Ulrich, München.
Seite 63: Postkutsche: Bundespostmuseum, Frankfurt am Main.
Seite 64: Paßfoto von Kafka und Kafka mit Schwester: Verlag Klaus Wagenbach, Berlin/Briefmarke: Deutsche Bundespost.
Seite 65: Paßfoto Brecht: Ullstein Bilderdienst/Kinderfoto: Aus: Brecht in Augsburg. Suhrkamp Taschenbuch 297/Briefmarke: Deutsche Bundespost.
Seite 68: Anzeige: Gelbe Seiten Bezirk 88 1987/88. © Stella-Maria Anwar.
Seite 70: Titelseite: Aus: Ferdinand v. Liebenau: Liebesbriefe. Heyne Bücher 4999.
Seite 71: Cartoons: © Marie Marcks, Heidelberg.
Seite 72: Fotos: Barbara Ulrich, München.
Seite 75: „Abendlicher Blick auf Bickenbach" von Johann Heinrich Schilbach, Mathildenhöhe, Darmstadt. Handschrift und Zeichnung. Aus: Zitty Nr. 1983, © Freimut Wössner, Berlin.
Seite 78: Türme von links: Babelturm von Athanasius Kirchner und Turm zu Babel, Stahlstich um 1840: Aus: Paul Maar: Türme. Verlag Friedrich Oetinger GmbH, Hamburg/Fernsehtürme: Aus: Heinle, Erwin, Fritz Leonhardt: Türme aller Zeiten, aller Kulturen. DVA Stuttgart 1988. © Prof. Dr. Fritz Leonhardt, Stuttgart.
Seite 81: Collage: oben links: Gloria Spiegel 1955. Sondernummer: Fundus Fa. Kubabschewski/ oben rechts: Ernst Rösler/unten links: dpa, Frankfurt am Main/ unten rechts: Hamburger Abendblatt vom 30./31.1.88.
Seite 84: Hilde Domin: © dpa, Hamburg 1983.
Seite 87: von links: Clement Moreau: Flucht, Nacht über Deutschland, Die Bürokratie. Limmat Verlag, Zürich.
Seite 92: Flüchtlinge: Statistik nach: imu 870870304. Zahlen nach: UNO Flüchtlingskommissariat/Fotos: oben links: Ceylonesen

in Berliner Turnhalle/oben rechts: Kambodscha-Flüchtlinge/unten links: Flüchtlingslager in Thailand/ unten rechts: Grenzdurchgangslager Friedland. Alle Fotos: dpa, Frankfurt am Main.
Seite 94/95: Anzeigen: Aus: Willkommen in Belgien. IBS Telefonhilfe, Brüssel.
Seite 96: Heimat: Universität Tübingen Ludwig-Uhland-Institut für empirische Kulturwissenschaft.
Seite 97: Collage: Für Dich: Langer, Martin, Bielefeld/In vielen Ehen gibt es Gemeinsamkeit: Mit freundlicher Genehmigung des Wilhelm Heyne Verlages, München, entnommen dem Titel FRAUEN-GRAFFITI/Cartoon Emil: Detlef Surrey, Berlin.
Seite 105: Fotos: oben: Privatbesitz/Mitte: Wilma Rudolph © dpa, Frankfurt am Main/unten: Privatbesitz.
Seite 106 Fotos: oben links, Mitte, unten rechts: H. Stetzer/oben rechts: A. Lahner/unten links: Grenzdurchgangslager Friedland. © dpa, Frankfurt am Main.
Seite 108: Foto: Barbara Ulrich, München.
Seite 110 Fotos: Ulrike Kment, München.
Seite 113: Collage: Der einsame Baum: Friedrich, Caspar David/ Wie spät ist es?: R. Hellenschmidt.
Seite 114: oben: Graf von Pocci, der Frühling. © Rogner & Bernhard GmbH & Co Verlags KG, München/unten: Marie Marcks, Heidelberg.
Seite 119: Fotos: Aus: H. Weiss „Die friedliche Zerstörung der Landschaft". Orell Füssli, Zürich 1981.
Seite 122: Fotos: oben: Burg Hohenzollern: Aus: „Deutschland. Landschaft, Städte, Dörfer und Menschen". Umschau Verlag, Frankfurt/unten: Vierzehnheiligen: Helga Schmidt-Glassner, Stuttgart.
Seite 123: unten: Illustration: Michel Granger, Paris.
Seite 126: Strichzeichnungen: Uli Olschewski, München.
Seite 127: Collage: oben links: Buchabbildung: Greno Verlag, Nördlingen/unten rechts: Titelbild: Spiegel Nr. 40/84.
Seite 128: von oben: Aus: Film Heimat. © Edgar Reitz, Filmproduktion/Aus: Heimat, Chronik in Bildern. Bucher Verlag/Aus: Film Heimat. Edgar Reitz, Filmproduktion.
Seite 129: Tabelle Arbeitslosigkeit:

Aus: Heumann: Geschichte für morgen, Band 4, Seite 49. Cornelsen Verlag.
Seite 130: Collage: Foto links unten: Comedian Harmonists: Original und Copyright: Dr. Peter Czada COMEDIAN HARMONISTS-Archiv/alle anderen Fotos: Aus: Katalog: Theater in der Weimarer Republik. Institut für Theater, Film- und Fernsehwissenschaft, Universität Köln.
Seite 131: unten: COMEDIAN HARMONISTS: Zeichnung (ca. 1930) Original und Copyright: Dr. Peder Czada.
Seite 132: Fotos: Aus: Film Heimat: © Edgar Reitz, Filmproduktion.
Seite 134: Foto: Bücherverbrennung: Ullstein Bilderdienst.
Seite 136: Fotos: Aus: Film Heimat: a.a.O.
Seite 137: Deutschland und Österreich 1945 – 1949: Aus: Geschichte mit Pfiff 1/87/Lebensmittelkarte: Aus: Rosemarie Wildermuth (Hrsg.): Als das Gestern heute war. © 1977 Verlag Heinrich Ellermann, München/Foto: Aus: Der Deutschen Wochenschau Nr. 754/1945 © Transit Film.
Seite 139: Fotos: Bildstelle und Fotoarchiv, Stadt Nürnberg.
Seite 140: Fotos: Aus: Film Heimat: a.a.O.
Seite 141: Collage: Fotos: oben rechts und 2. von oben links: Aus: Bikini. Elefanten Press, Berlin/ links unten: Wohnungsbau nach 1984: Bilderdienst Süddeutscher Verlag, München/alle weiteren Fotos: Aus: Taschenbuch „Die Pubertät der Republik" von N. Jungwirth und G. Kromschröder, rororo 5066.
Seite 142 Berliner Mauer: dpa, Frankfurt am Main.
Seite 143: Fotos: dpa, Frankfurt am Main.
Seite 145: Collage: Titelseiten: links oben: Insel Verlag, Frankfurt/oben rechts: Bibliographisches Institut F.A. Brockhaus AG/links unten: Verlag Buch und Welt/rechts unten: Verlage C.H. Beck/F.Vahlen, München.
Seite 148: unten rechts: Aus: Werner König: dtv-Atlas zur deutschen Sprache. © Deutscher Taschenbuch Verlag, München.

Trotz intensiver Bemühung konnten nicht alle Inhaber von Text- und Bildrechten ausfindig gemacht werden. Für entsprechende Hinweise ist der Verlag dankbar.